공감

창의적으로 생각하고 창의적으로 실행하는 법

SATO KASHIWA NO CREATIVE THINKING

Copyright © 2010 Kashiwa Sato
All rights reserved.

No part of this book may be used or reproduced in any manner
whatsoever without written permission except in the case of brief quotations
embodied in critical articles and reviews.

Originally publshed in Japan by Nikkei Publishing, Inc.
Korea Translation Copyright © 2012 by ECOBOOK
Korean edition is published by arrangement with Nikkei Publishing, Inc.
through BC Agency.

이 책의 한국어판 저작권은 BC에이전시를 통해 저작권자와 독점 계약한 끌리는책(이코북)에 있습니다.
신 저작권법에 의하여 한국 내에서 보호를 받는 저작물이므로 무단 전재와 무단 복제를 금합니다.

공

창의적으로 생각하고 창의적으로 실행하는법

감

사토 가시와 지음 | 이근아 옮김

끌리는책

공감_ 창의적으로 생각하고 창의적으로 실행하는 법

초판 1쇄 인쇄 2012년 12월 3일
초판 1쇄 발행 2012년 12월 12일

지은이 사토 가시와
옮긴이 이근아

펴낸이 김찬희
펴낸곳 끌리는책

출판등록 신고번호 제25100-2011-000073호
주소 서울시 구로구 오류동 109-1 재도빌딩 206호
전화 영업부 (02)335-6936 편집부 (02)2060-5821
팩스 (02)335-0550
이메일 happybookpub@gmail.com

ISBN 978-89-90856-46-3 13320
값 13,000원

- 잘못된 책은 구입하신 서점에서 교환해드립니다.
- 이 책 내용의 일부 또는 전부를 재사용하려면 반드시 사전에 저작권자와 출판권자의 동의를 얻어야 합니다.

프롤로그

Creative Thinking, Creative Life

창의적인 생각이란 무엇일까요? '창의력'이라고 하면 흔히 그림을 그리거나 무언가를 만들 때 필요한 특별한 능력으로 생각합니다. 예술가나 가질 수 있는 재능이지 평범한 회사원은 쉽게 얻을 수 없다고 생각하지요.

하지만 나에게 그런 창의력은 없다고, 창의력은 나와 아무런 관계도 없다고 느끼는 사람이야말로 이 책을 꼭 읽었으면 합니다. 이 책에서 소개하는 창의력이란 예술적 감성이나 표현 방법이 아닙니다. 창의적인 생각으로 문제를 해결하는 '창의적 사고법'입니다.

내가 하는 일 역시 창의적 사고가 중심이 됩니다. 내 직업은 아트 디렉터로, 디자인을 비롯한 여러 가지 표현 방법을 이용해 기업이나 상품의 커뮤니케이션 전략에서 상표 마케팅(브랜딩)에 이르기까지 다양한 일을 진행합니다.

크리에이터라고 하면 보통은 예술 분야 일을 하거나 마술사처럼 감각만으로 작품을 만들어낸다고 생각하는 사람이 많습니다. 그러나 크리에이터의 실제 활동은 예술적인 자기표현과는 오히려 반대입니다. 구체화되지 않은 의뢰인의 뜨거운 의지를 끌어내 가장 효과적인 방법으로 구현해내는 일입니다. 말하자면 '커뮤니케이션 컨설턴트'라고 할 수 있지요. 따라서 상대방이 말하고자 하는 문제의 본질을 파악해 과제를 찾아내고, 그것을 해결해 나가야 합니다. 이때 필요한 것이 바로 창의적 사고입니다.

==상황을 좀 더 나아지게 하기 위해 새로운 것을 생각해내는 것은 일상생활에서 누구나 무의식중에 하는 일입니다.== 예를 들어 주부가 집안일에 대해 자기 나름의 비법을 갖고 있는 것도 그렇습니다. '집안일을 효율적으로 처리하고 싶다'는 필요성이 창의적인 해결책으로 연결된 것이지요. 그렇다면 아주 먼 옛날 인류가 불을 발견하거나 도구를 발명한 일은 최고로 창의적인 행위가 아니었을까요? 어둠

거나 춥거나 위험하거나 불편한 상황에 대한 불만이 그것을 해결하려는 욕구를 낳고, 그 욕구를 충족하기 위해 아이디어를 떠올려 다듬는 작업을 반복한 결과 인류의 생활수준은 극적으로 향상되었을 것입니다.

그래도 여전히 창의적인 사고가 어렵게 느껴집니까? 그렇다면 이것을 스포츠나 음악이라고 생각해봅시다. 전문가 수준에 오르기는 물론 어렵겠지만, 운동 삼아 가볍게 땀을 흘리거나 노래방에서 마음껏 노래 부르는 일은 누구라도 할 수 있습니다. 마찬가지로 창의적 사고도 예술가나 디자이너만 할 수 있는 일은 아닙니다. 잠재력은 누구나 갖고 있으니까요. 사고를 전환해서 생활의 모든 부분에 부담 없이 창의적인 생각을 접목해봅시다. '창의적'이라는 말에 겁먹지 말고 생각을 긍정적으로 바꾸면, '창의적 생각이 의외로 친숙하고 충분히 사용할 만한 것'임을 느끼게 될 것입니다.

여기서 한 걸음 더 나아가 비즈니스를 생각해봅시다. 오늘날 비즈니스 업계는 기존의 교과서적인 마케팅만으로는 점점 한계가 드러나는 상황에 놓여 있습니다. 이때 가장 필요하고 중요한 기술은 무엇일까요? 바로 창의적 사고로 문제를 해결하는 것입니다. 창의적 사고법은 문제 제기에서 콘셉트 세우기, 기획서 작성, 회의 진행 방법, 프로젝트 구현에 이르기까지 업무의 모든 과정에 활용할 수 있습니다. 상품 기획이나 광고 등의 마케팅 부문만이 아니라 영업이나 인사, 경영에도 창의적 사고는 힘을 발휘할 수 있습니다.

특히 활용 폭이 넓은 곳은 커뮤니케이션입니다. 커뮤니케이션이란 부서나 회사 내의 회의, 팀 활동, 프레젠테이션이나 상담 등 사람이 관여하는 모든 자리에서 행해지는 행위를 말합니다. ==서로 생각을 이해하고 문제를 명확히 해서 목표를 공유하는 것은 비즈니스에서 가장 중요한 일입니다.== 원활한 커뮤니케이션이란 인간관계의 기본이면서 동시에 그 자체로 매우 창의적인 행위니까요.

동양에는 '호흡이 잘 맞는다', '눈으로 말한다'와 같은 말이 있듯이 말하지 않아도 서로를 이해하거나 말하지 않는 것 자체를 미덕으로 여기는 문화가 있습니다. 그러나 빠른 속도로 세계화되는 현재의 비즈니스 환경에서는 더욱 정확하고 신속하게 의사를 전달하는 커뮤니케이션이 필요합니다. 따라서 **창의적 사고는 앞으로 비즈니스 커뮤니케이션에 더더욱 없어서는 안 될 요소가 될 것입니다.**

그렇다고 내일부터 당장 창의적 사고를 업무에 이용하기는 힘들겠지요. 우선 중요한 것은 의식적으로 '창의적 정신'을 만드는 것입니다. 이렇게 하는 것만으로도 지금까지와는 사고방식이 크게 달라질 것입니다.

이 책에서는 내가 지금까지 경험하면서 얻은 몇 가지 방법을 설명하고, 이를 구체적인 업무에 접목해 여기에 필요한 여러 가지 기술을 소개하고자 합니다. 크리에이터로서 창의적 사고의 효율성과 필요성을 여러분에게 전달하는 데 조금이라도 도움이 된다면 정말 기쁘겠습니다.

프롤로그 Creative Thinking, Creative Life　　　　　　　　5

1장 창의적으로 생각하기

01 그 전제는 올바른가 의심하라 _ 창의적인 생각의 출발점　　　15
02 다른 사람의 이야기를 들어라 _ 상대방의 본심을 끌어내는 힘　　21
03 고민을 글로 써보라 _ 기분을 정리한다　　　　　　　　　　　28
04 비유하는 습관을 들여라 _ 비유를 하면 본질이 전달된다　　　34
05 자신의 일을 그림으로 그려보라 _ 말보다 전달력이 뛰어난 시각화　40
06 기억의 검색 엔진 _ 관심 있는 것에 태그를 붙인다　　　　　　47
07 마음을 움직이는 프레젠테이션 _ 설득보다 공감을　　　　　　56

CONTENTS

2장 창의적으로 실행하기

08 조사보다 현실감 _ 시대의 키워드는 '리얼리티'   63

09 고객의 시선과 대중의 시선 _ 비슷하면서도 다른 수요자와 소비자   72

10 무엇이든 매체가 될 수 있다 _ 기존 매체의 틀을 깨뜨리다   79

11 주체성을 이끌어내는 방법 _ 업무를 '자신의 일'로 인식한다   90

12 강한 팀 만들기 _ 인재를 적재적소에 배치하는 능력   97

13 스토리를 엮을 수 있는가 _ 콘텐츠에서 콘텍스트를 만든다   107

14 디자인은 부가가치인가 _ 비전을 형상화하다   117

3장 창의적으로 구현하기

15 일하는 방식을 디자인하라 _ 환경에서 조직까지   127

16 온·오프를 억지로 나누지 마라 _ 일과 휴식을 결합한다   137

17 몰두할 대상을 찾아라 _ 경지에 오르면 본질이 보인다   144

18 아날로그 감각을 되찾아라 _ 리얼리티 센서를 민감하게 하다   151

에필로그 자유롭게 생각하기, 알아차리기, 깨닫기   157

사진·작품 일람   160

창의적으로 생각하기

1장

그 전제는 올바른가 의심하라
창의적인 생각의 출발점

창의적 사고를 연마하는 방법은 수없이 많겠지만, 가장 중요한 것은 '그걸로 괜찮을까?' 하고 의문을 품는 것이다. 왜냐하면 과거의 습관이나 업계의 상식 같은 이른바 '전제'를 다시 생각해보지 않으면 큰 변화를 기대할 수 없기 때문이다. 아무런 의문을 품지 않는다는 건 출발점인 전제를 한 번도 검증하지 않고 달려 나가는 셈이다. 혹시라도 전제 자체가 잘못된 것이라면, 필연적으로 잘못된 방향으로 가게 될 뿐 아니라, 문제를 해결하고 싶어도 그 틀에서 영원히 빠져나올 수 없게 된다.

창의적 사고의 원점은
여러 각도에서 관찰하고
검증하는 것이다.

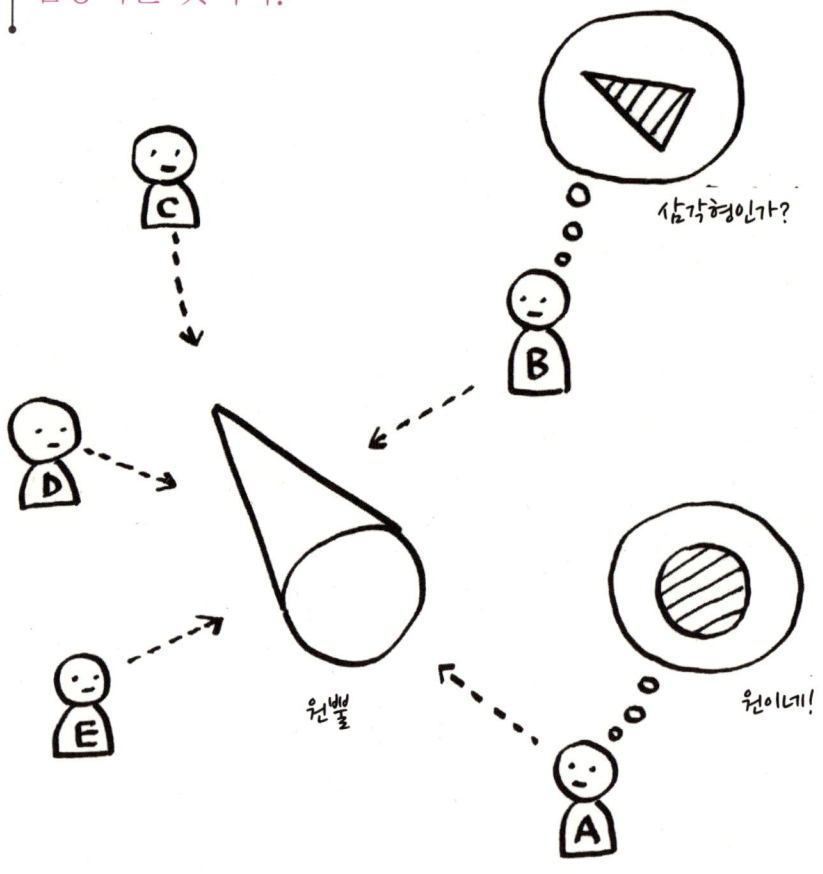

예를 들어 원뿔을 보고 그 모양을 생각할 때
A의 시점에서는 '원'으로 보이고, B의 시점에서는 '삼각형'으로 보인다.
이처럼 보는 각도에 따라 같은 것이라도 전혀 다른 모양으로 보일 수 있다.
따라서 여러 각도에서 관찰하지 않으면 정확한 형태를 파악할 수 없다.

그렇다고 상식이나 관습을 반드시 '부정'해야 한다는 말은 아니다. 무턱대고 부정만 한다면 '변화를 위한 변화'라는 무의미한 행위가 될 위험이 있다. 의문을 가졌으나 검증해보니 잘못되지 않은 경우도 충분히 있을 수 있다. 말인즉, 그 전제가 올바른지 아닌지를 검증하지 않고 간과하는 것이 가장 좋지 않다는 말이다. ==상식적인 것에도 의문을 품고, 냉정하고 침착한 눈으로 여러 각도에서 관찰하고 검증하는 것이 창의적 사고의 원점이라고 할 수 있다.==

당연한 일을 왜 의심하느냐며 다른 사람들이 당신을 따돌릴 수도 있다. 이럴 때는 비즈니스의 본질로 되돌아가서 논의해보자고 제안하라. ==비즈니스의 진정한 목적은 지시대로 하는 것이 아니라 좋은 결과를 내는 것이다.==

공식석상에서 프로젝트의 전제가 의심스럽다고 발언할 자신이 없을 때는 먼저 가까운 사람에게라도 질문해보라.

"×××말이에요. 이상하다고 생각하지 않아요?"

그리고 그렇게 생각한 이유를 정성껏 설명한다. 이때 개인적인 호불호는 당연히 말하지 않는 것이 좋다. 목표에 대해 진지하게 생각하고 철저하게 고민한 발언이라면 설령 의견이 달라도 공감을 얻을 수 있을 것이다. 어쩌면 당신은 생각지도 못한 조언을 들을 수도 있다. 그 결과 시야가 한층 더 넓어져 생각도 더 좋은 방향으로 확장될 수 있다.

내가 이런 생각을 하게 된 것은 학창 시절 미술을 공부한 덕분이다. 시대를 막론하고 예술가는 '아름다움이란, 예술이란 무엇인가?'에 대해 끊임없이 탐구했고, 이런 경향은 현대 미술에 와서 특히 더 두드러졌다. 즉 당시까지의 상식이나 기존 관념에 대한 의문이 쌓이고 쌓인 것이 예술의 역사인 셈이다. 르네상스 이후 절대적이었던 사실적 화법에 의문을 품은 데서 인상파가 탄생했고, 캔버스라는 틀을 탈피하는 데서 개념예술이 나오는 등 전제에 의문을 품는 창의적 사고에서 새로운 예술이 태어났다.

또한 어렸을 때 읽은 토머스 에디슨의 전기에서도 큰 영향을 받았다. 에디슨은 세상이 다 아는 발명왕이지만, 소년기에는 '왜?'라는 질문을 연발해 주위의 어른을 곤란하게 만들었다고 한다. 내가 제일 좋아하는 에피소드를 하나 예로 들면, '1+1=2'라는 단순한 계산식도 어린 에디슨은 그대로 받아들이지 않고 왜 그렇게 되는지 의문을 품었다. 그리고 두 개의 점토 덩어리를 붙여 하나로 만든 다음 "1+1=1인데 왜 2가 되나요?" 하고 질문해 선생님을 어이없게 만들었다. 만사가 이런 식이어서 초등학교 때 퇴학까지 당했다고 하니, 얼마나 독특한 아이였는지 짐작할 수 있을 것이다. 이처럼 어렸을 때부터 전제를 의심하는 자세를 갖고 있었기에 에디슨은 참신한 관점과 아이디어로 백열전구, 축음기, 전화 송화기 등을 발명하는 위대한 업적을 이룩할 수 있었다.

역사를 되짚어보면 위인 중에는 에디슨처럼 전제에 의문을 품는 현자(賢者)가 많다. 지동설을 주장한 갈릴레이나 시간과 공간이 팽창하고 수축한다는 상대성이론을 주창한 아인슈타인도 그렇다. 천동설이나 시간과 공간은 절대적인 것이라 변하지 않는다는 자연관은 그때까지 의심할 바 없는 상식이었다. 그런데 두 사람은 여기에 의문을 품고 검증에 검증을 거듭해 당당히 이의를 제기한 것이다.

우리는 살아가면서 상식을 의심하는 경험을 얼마나 하게 될까? 아마도 좀처럼 하지 못할 것이다. 그렇기 때문에 자신의 의지로 의식을 적극적으로 전환했을 때 새로운 문이 열리고 시야가 넓어지는 것이리라. 예를 들어 상품 개발 팀에 A와 B라는 상품이 있다고 하자. 보통은 A와 B를 각각 더 좋은 상품으로 개발하는 것만 생각한다. 그런데 '과연 둘 다 필요한지, A와 B가 합쳐진 상품은 왜 없는지' 근본부터 다시 생각해보면, 지금까지 없었던 새로운 상품을 만들어낼 수도 있다. 이처럼 ==창의성 넘치는 해결책을 얻기 위해서는 우선 근본적인 의문부터 품어야 한다.==

업무를 진행하다 보면 문제 해결의 실마리를 찾지 못해 갈팡질팡하기도 한다. 이럴 때는 상식이나 고정관념에 의문을 품어보라. 해결의 실마리는 의외로 놓치기 쉬운 곳에 있다. 전제에 대한 의문이 해결되면, 마치 도미노 현상처럼 프로젝트 전체가 긍정적인 방향으로 나아가게 될 것이다.

'그 전제는 올바른가?'
문제의 해결은 우선 상식에 의문을 품는 데서부터 시작된다.

다른 사람의 이야기를 들어라
상대방의 본심을 끌어내는 힘

02

커뮤니케이션 기술은 어떤 일에서든 중요한 토대가 되고, 갈고 닦을수록 빛을 발하는 능력이다. 보통 커뮤니케이션은 무의식중에 이루어지니 어떻게 향상시켜야 할지 모르겠다는 사람도 많지만, 그 방법은 다음과 같이 매우 간단하다.

- 다른 사람의 이야기를 귀 기울여 듣는다.
- 이야기의 진의를 파악한다.
- 자신의 생각을 정확하게 정리한다.

- 상대방에게 이해하기 쉽게 전달한다.

지극히 당연한 방법이라고 생각하겠지만, 막상 비즈니스 현장에서는 제대로 되지 않는다.

우선 '무의식중에' 이루어지는 커뮤니케이션을 '의식적으로' 전환하는 일부터 시작해보자. 그러기 위해서는 먼저 상대방의 본심을 정확하게 끌어내는 기술이 필요하다. 의사가 병을 정확히 파악하기 위해 환자에게 이것저것 물어보는 문진(問診)처럼 말이다. 서로 자기 이야기만 해서는 건설적인 대화로 발전하지 못한다. 하지만 이런 사실을 머릿속으로는 알고 있어도, 자신의 입장이나 사정을 무의식중에 먼저 생각하기 때문에 커뮤니케이션이 일방통행으로 흘러가기 십상이다.

좋은 대인관계를 쌓기 위해서는 적극적인 자세로 상대방의 이야기를 귀 기울여 듣고 이해해야 한다. 나도 프로젝트를 맡을 때는 먼저 문진부터 시작한다. 프롤로그에서도 말했듯이, 이야기를 찬찬히 들으면서 상대방이 가진 문제를 파악하고 해결 과제를 찾아나가는 것이다.

이때 반드시 필요한 것이 '사고의 정보화' 과정이다. 이것은 '머릿속의 생각을 언어화하는 작업'이다. 상대방에게서 실속 있는 이야기를 더 많이 얻고 싶다면 맞장구를 치는 것만으로는 충분하지 않다.

가설을 제시해
서로가 생각하는 이미지를
근접시킨다.

==상대방의 머릿속에 있는 것을 '말'이라는 형태로 계속 끌어내는 적극적인 행동이 아주 중요하다.==

본심을 끌어내는 데 가장 좋은 방법은 '가설'을 던져보는 것이다.

"당신이 가장 강조하고 싶은 것은 이것이군요."

"이런 것을 목표로 하는군요."

이렇게 말로 확인하는 것이다. 만약 던져본 가설이 맞지 않는다면 어떻게 다른지 물어보고 새로 정리해 수정한 가설을 다시 한 번 제시한다. 이렇게 몇 번의 과정을 거쳐 조금씩 수정해 나가면 맞지 않았던 이미지가 하나로 겹쳐진다. 이 작업은 카메라의 초점을 서서히 맞추어가는 과정과 비슷하다.

초점이 좀처럼 맞지 않는다면 과감하게 극단적인 발언을 해보는 것도 한 가지 방법이다.

"좀 더 근본적인 곳에서부터 다시 생각해볼까요?"

"이 프로젝트를 일단 중단해보면 어떨까요?"

그러면 상대방이 생각하는 전제가 흔들려 정말 필요한 것이 보이거나, 생각 혹은 선택의 폭이 넓어진다. 논의가 더 이상 진행되지 않는 경우, 극단론은 서로의 마음을 해방하여 시야를 넓히는 데 도움을 준다.

기본적으로 나는 상대방을 존중하는 마음이 있으면 어떤 말을 해도 관계가 깨지지 않는다고 믿는다. 조금이라도 악의가 있으면 안 되

인간은 서로를 쉽게 이해하지 못한다.

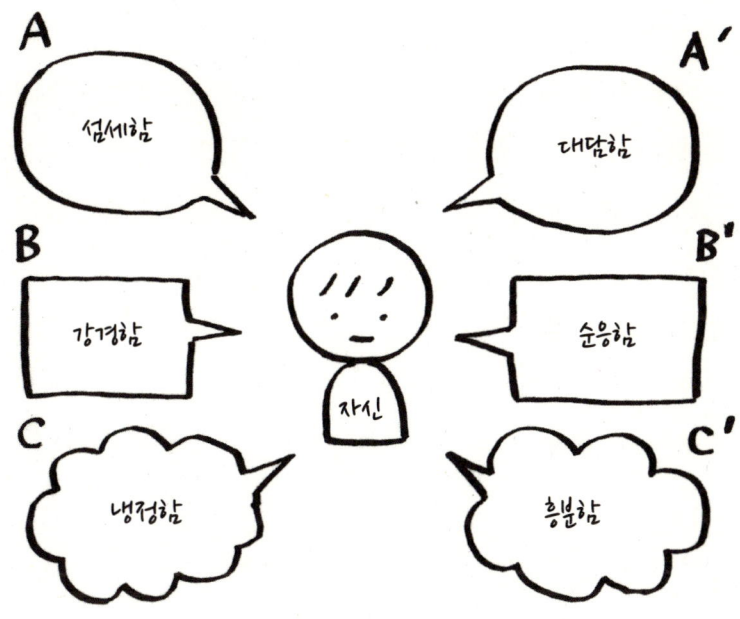

자기 자신 안에도 상반되는 요소가 많아
진정한 자신을 파악하기가 무척 어렵다.

↓

타인을 이해하는 것은 훨씬 더 어렵다.

↓

그렇기 때문에 성의를 갖고
상대방을 이해하려는 자세가 중요하다.

겠지만, 상대방의 상황을 고려하고 프로젝트의 성공을 바라는 마음으로 말한다면 분명히 알아줄 것이라고 생각하기 때문이다. 생각지도 못한 질문 하나가 상대방의 껍데기를 깨뜨리기도 하므로 일부러 대담한 가설을 던져보기도 한다.

이런 식으로 접근하는 것은 내 속에 '인간은 타인을 쉽게 이해할 수 없다'는 인식이 있기 때문이다. 이렇게 말하면 혼란스러워하는 사람도 많을 것이다. 프롤로그에서 이야기했듯이 서로 호흡이 맞는 것을 미덕으로 여기는 동양에서는 서로를 이해할 수 있다는 것이 전제가 된다. 그러나 현대의 비즈니스 현장은 모든 면에서 다양해지고 있다. 같은 직장이라도 정규직과 비정규직이 있다. 이렇듯 노동 환경이 복잡해지면서 기존의 일반적인 인식은 통하지 않게 되었다. 앞으로 세계화는 점점 더 진행되고 이러한 상황은 더욱 확대될 것이다. 따라서 '서로 간의 잘 맞는 호흡'만으로는 대응할 수 없고, 더욱 고도화된 커뮤니케이션이 필요하다.

인간이 서로를 쉽게 이해할 수 없다는 사실을 내가 깨닫게 된 것은 미술 대학에 다니던 무렵이었다. 작품을 만든다는 것은 자신과 진지하게 마주 보는 일이다. '나는 누구인가?'를 항상 고민하면서 개성을 표현해야 한다. 나는 내가 상반되는 성질을 좋아하는 모순덩어리임을, 나라는 존재를 정확히 파악하는 것은 정말 어려운 일임을 절실히 깨달았다. 나 자신조차 완전히 이해하지 못하는데, 하물며 다른 사람을 어찌 쉽게 이해할 수 있단 말인가?

　공동 작업에서는 더욱 뼈저리게 실감했다. 나는 학창 시절 밴드 활동을 했는데, 밴드 친구들과는 취향이 맞아 평소에는 즐겁게 지냈다. 하지만 곡을 만들거나 녹음 작업처럼 신경 써서 일할 때는 의견이나 감정이 미묘하게 엇갈리는 경우가 흔히 있었다. 광고회사에 취직해서도 팀 작업을 할 때는 이런 경험을 자주 했다. 전체적인 큰 틀에서는 광고주를 포함해 전원의 의견이 일치해도 세부 사항까지는 딱 들어맞지 않아 완성된 광고에 어딘가 애매함이 느껴지는 일도 있었다. 지금 생각하면 각 과정에서 서로 의견을 더욱 철저하게 확인하지 못한 것이 원인이었다.

　이러한 경험 덕분에 커뮤니케이션 문제가 생기면 항상 세심한 주의를 기울이게 된 것이다. '인간은 서로를 쉽게 이해할 수 없다'는 것은 뒤집어 말하면 '그렇기 때문에 성의를 갖고 상대방을 이해하려는 자세가 중요하다'고 할 수 있다. 상대방을 정확히 이해하려면 형식적인 대화만으로는 부족하다. ==상대방을 존중하면서도 솔직하게 말을 건네 진심을 이끌어내고, 반대로 상대방이 과감한 가설로 부딪쳐 오면 진지하게 대응해야 한다.== 이렇게 대담하면서도 정중하게 진심을 주고받다 보면 조금씩 관계가 확고하게 구축될 것이다.

고민을 글로 써보라
기분을 정리한다

03

머릿속에 떠오른 생각을 말로 정확히 표현하는 것은 무척이나 어려운 일이다. 내 생각을 상대방에게 전달하거나 상대방의 말에서 진의를 읽어낼 때도 마찬가지다. 말의 맥락을 어떻게 해석하느냐에 따라서 받아들이는 의미가 완전히 달라지기도 한다. 따라서 머릿속 생각이나 그날의 기분을 글로 적어두는 습관은 좋은 훈련이 될 수 있다. 지금까지 감각적으로 느꼈던 것을 글로 정리해 나가다 보면 추상적인 개념을 논리적으로 구성하는 능력이 생긴다.

==글을 쓰는 것은 '마음을 정리하는' 데도 도움이 된다.== 고민이 있

을 때 글을 써보면 그것만으로 문제가 해결되기도 한다. '일이 생각대로 진행되지 않는다', '상사와 잘 맞지 않는다'처럼 가방 속의 물건을 전부 꺼내놓듯이 속마음을 종이 위에 모조리 쏟아내 보는 것이다.

처음에는 문장이 아니라 단어를 나열하는 것만으로도 괜찮다. 표면적이고 단편적인 것이라도 머릿속에 떠오른 것은 무조건 종이에 적어 나간다. 아마도 마음의 상태가 단숨에 눈에 보일 것이다. 추상적인 사고가 구체적인 정보로 바뀌어 일단 글로 보여지면, 자신의 감정에 한층 더 가까운 말을 떠올릴 수 있다. ==자문자답하면서 더 깊이 파고들면 문제의 핵심에 닿게 되는 것이다.==

예를 들어 회사에서 인간관계가 고민스럽다면 '무엇이 맞지 않는지' 먼저 써본다. 그리고 '왜 그런지' 파헤쳐 나간다. 그러다 보면 업무상 사고방식의 차이 때문인지, 아니면 개인적인 감정 때문인지 알 수 있게 된다. 개인적인 감정이 문제라면, 평소 무심코 배려 없는 말을 하여, 이것이 갈등이나 스트레스로 확대됐다는 사실을 깨달을 수도 있다. 상대방이 마음에 들지 않거나 의견이 맞지 않더라도 이러한 인과관계가 머릿속에 정리되어 있으면 상대방을 어떻게 대할지 명확히 알 수 있다.

나는 광고회사에 갓 입사했을 때 고민이 생기면 자주 글을 썼다. 머릿속으로만 괴로워하면 여러 가지가 복잡하게 얽혀 기분이 전혀 정리되지 않고 나도 모르는 사이에 스트레스가 되었다. 하지만 업무

창의적으로
생각하기

아이디어가 전혀 떠오르지 않아! 큰일 났다!
↓
모든 일에 다 그런가?
↓
프로젝트 A, B는 잘되는데,
C는 전혀 되지 않아.
↓
A, B와 C는 뭐가 다른지?
↓
A, B는 원래 흥미가 있던 일이라 수월해!
C는 전혀 관심 밖의 상품이야.
↓
☆ 흥미를 가질 수 있다면 아이디어가 떠오를지 몰라!
↓
어떻게 하면 C 상품에 흥미를 가질 수 있을까?
↓
내가 흥미를 가질 수 있는 접점이 C에 있을까?
↓
그 접점을 찾을 수 있다면 아이디어가 떠오를지도 몰라!
↓
· · · · ·

고민이 있다면
그 기분을 정직하게
써본다.

나 개인적인 일, 크리에이터로서의 갈등, 회사원이라는 입장, 창의성이란 무엇인지, 비즈니스란 어떤 것인지 하나씩 써나가다 보면, 기분이 정리되면서 모든 것이 좋은 의미로 분명해지고 초조함이나 답답함이 급격히 줄어들었다.

아직 신출내기였을 때 아이디어가 전혀 떠오르지 않아 그 절박한 마음을 글로 쏟아낸 적도 있다. 왜 좋은 생각이 떠오르지 않는지 이유로 짐작되는 것을 하나씩 쓰다 보니, 특정 고객의 일을 맡았을 때만 슬럼프에 빠진다는 것을 알게 되었다. 그리고 ==왜 그 일에 흥미를 느끼지 못하는지, 흥미를 가지려면 어떻게 해야 하는지, 흥미를 가지게 되는 접점은 있는지, 있다면 그것이 무엇인지 생각하는 동안 마음속에서 새로운 동기가 생기고, 지금까지와는 전혀 다른 시점에서 아이디어가 샘솟기 시작했다.== 내 약점을 파악하고 그것을 극복하기 위한 실마리를 찾게 된 것은 막연한 불안감을 안고 있던 상태와 비교하면 엄청난 발전이었다.

업무에 관련된 것뿐 아니라 주변 일에 대해서도 글로 정리해보면 생각지도 못한 발견을 할 수 있다. 예를 들어 '요즘 왠지 의욕이 생기지 않는다'는 고민이 있는 경우, 짚이는 것을 하나씩 써나가다 보면 '생활 리듬을 되찾고 가벼운 운동으로 컨디션을 회복하면 된다'는 해결책을 얻을지도 모른다.

글로 정리하는 것은 누군가에게 보여주기 위한 것이 아니기 때문에 특별히 형식을 갖출 필요가 전혀 없다. 문체나 순서를 신경 쓸 필요도 없다. 조목조목 나열하는 것이 더 객관적이고 효과적이라고 생각하는 사람은 그렇게 하면 된다. 쓰는 곳은 메모지든 공책이든 컴퓨터든 어디든 상관없다. 이동 중이거나 필기할 여건이 안 될 때는 휴대전화를 이용해 자기 자신에게 메일을 보내는 것도 좋은 방법이다.

요점은, 자신의 기분을 부지런히 끄집어내는 것이다. DVD 영상을 보다가 책갈피로 표시해두듯이, 기분에 변화가 있을 때마다 글로 남기는 것이다. DVD 플레이어에 책갈피 기능이 있으면 보던 영화를 잠시 멈췄다가 나중에 그 부분을 쉽게 찾을 수 있고, 복잡한 스토리를 여러 번 반복해서 볼 수 있어 편리하다. 영화처럼 우리 기분도 불규칙하게 계속 변화하는데, 어떤 일이 있을 때마다 책갈피를 끼우듯 기분에 단락을 지어두면 나중에 정리하기가 무척 쉽고 변화의 흐름도 쉽게 파악할 수 있다.

블로그나 트위터 등을 이용하는 것도 좋다. 이런 곳에는 보통 드러내고 싶은 개인적인 기분을 적는다. 거기에는 다른 사람이 읽어주기를 바라는 마음은 물론, 자신의 기분이나 생각을 정리하고 싶다는 욕구도 있을 것이다. 그리고 이런 공간에 글을 올릴 때는 노골적이거나 지나친 표현은 자제하려는 경향이 있기 때문에 글이 훨씬 객관적이 될 수 있다. 따라서 블로그나 트위터 등을 잘 활용하는 것도 큰 도움이 된다.

이처럼 기분을 글로 표현하는 것은 상대방에게 자신의 뜻을 정확하게 전달하는 것은 물론, 자신의 문제를 해결하는 데도 아주 효과적이다. 글을 쓰면 막연했던 것이 구체화되므로 글쓰기는 습관화하는 것이 좋다. 당신에게 편한 방법으로 당장 시작해보라.

비유하는 습관을 들여라
비유를 하면 본질이 전달된다

 말이나 글을 표현하는 방법 중에 '비유'가 있다. 비유를 넓게 확장해 생각해보면 조선시대의 생활자기를 찻잔으로 쓴다거나, 물고기를 잡아 넣어두는 어롱을 꽃꽂이에 활용하는 것도 일종의 비유라고 할 수 있다. 문학에서 쓰이는 '어떤 것을 다른 무언가에 빗대어 보는 수법'을 도입한 것이다. 본래의 용도나 목적에 얽매이지 않는 자유분방함으로 신선한 매력을 발산하는 이러한 비유는 아름다움을 표현하는 핵심이 되기도 한다.
 꽃꽂이에서 꽃을 의인화해 여성으로 빗대는 것도, 정원을 꾸밀 때

돌과 모래로 산이나 섬을 표현하거나 자갈로 완만한 곡선을 만들어 물이 흘러가는 것을 표현하는 것도 같은 정신이다. 대상을 다른 무언가로 빗대어 표현함으로써 대상의 본질이 부각되고 기존의 가치를 뛰어넘는 새로운 가치가 발견되기도 한다.

이러한 '비유법'을 대화할 때도 적극적으로 활용해보는 것이다. 완전히 서로 다른 사물을 절묘하게 연결하는 것은 본질을 파악하는 최고의 훈련법이다. ==본질을 파악하는 비유법을 구사할 수 있으면 확고한 가설을 세울 수 있게 되므로 커뮤니케이션 능력이 향상된다.== 관점을 바꾼 재해석으로 본질을 드러나게 하는 비유법은 그 행위 자체가 창의적이다.

나도 비유를 자주 시도하는 편이다. 어렸을 때부터 "이건 ×× 같다"라는 말을 즐겨 했는데, 친구들과 이야기하다가 비유가 딱 들어맞을 때는 분위기가 급상승하곤 했다. 추상적인 대화 중에 누군가 적절한 비유를 들면 이미지를 서로 공유할 수 있어 소통이 훨씬 잘되기 때문이다. 물론 이때는 비유가 뭔지 모른 채 무의식적으로 했지만 광고회사에 취직한 후에는 상당히 의식적으로 비유법을 사용하게 되었다. 미술 대학에 다닐 때는 친구들 간에 미술이라는 공통의 언어가 있어 아무리 애매한 것이라도 대부분 감각적으로 서로 이해할 수 있었지만, 졸업 후 회사에 근무하면서부터는 이것이 전혀 통하지 않았기 때문이다.

예를 들어 기획 회의에서 디자인을 보여주고 "멋있죠?"라는 말만 해서는 그것이 얼마나 멋있는지 아무도 이해하지 못한다. 회사 생활 초기에는 이런 상황에 무척이나 애를 먹었다. 아이디어의 참신함과 독창성, 조형미, 시대에 맞는 적합성 등을 말로 알기 쉽게 설명해야 했다. 이런 사실을 뼈저리게 깨달은 후 나는 사람들을 이해시키기 위해 여러 가지 노력을 기울였다. 이때 힘을 발휘한 것이 바로 비유법이다. 장황하게 설명하는 것보다 "말하자면 ×× 같은 것입니다", "××에 비할 수 있겠습니다" 하고 적절한 비유를 들면 단숨에 이미지가 공유되어 내 생각이 정확히 전달되었다. 일이 부드럽게 진행되는 것은 두말할 것도 없다. 이후 나는 상당히 의식적으로 비유법을 사용하게 되었다.

지금도 나는 아트 디렉터라는 내 직업을 의사에 비유하거나 상표 마케팅 일을 건축에 비유하는 등 추상적인 것을 되도록 구체적인 것으로 바꿔서 이야기한다.

생각을 표현할 때나 상대방의 생각을 자신의 가설로 확인할 때도 비유법은 큰 도움이 된다. 두 가지 대상을 대비하면 미묘한 느낌까지 선명하게 표면으로 떠올라 아주 알기 쉽게 전달할 수 있다. 특히 외국인과 일할 때 비유법의 위력은 절대적이다. '이 음식은 당신 나라의 ×× 같은 것'이라고 적절한 비유로 대상을 설명하면 다른 문화 사이의 커뮤니케이션도 한층 깊어질 수 있다.

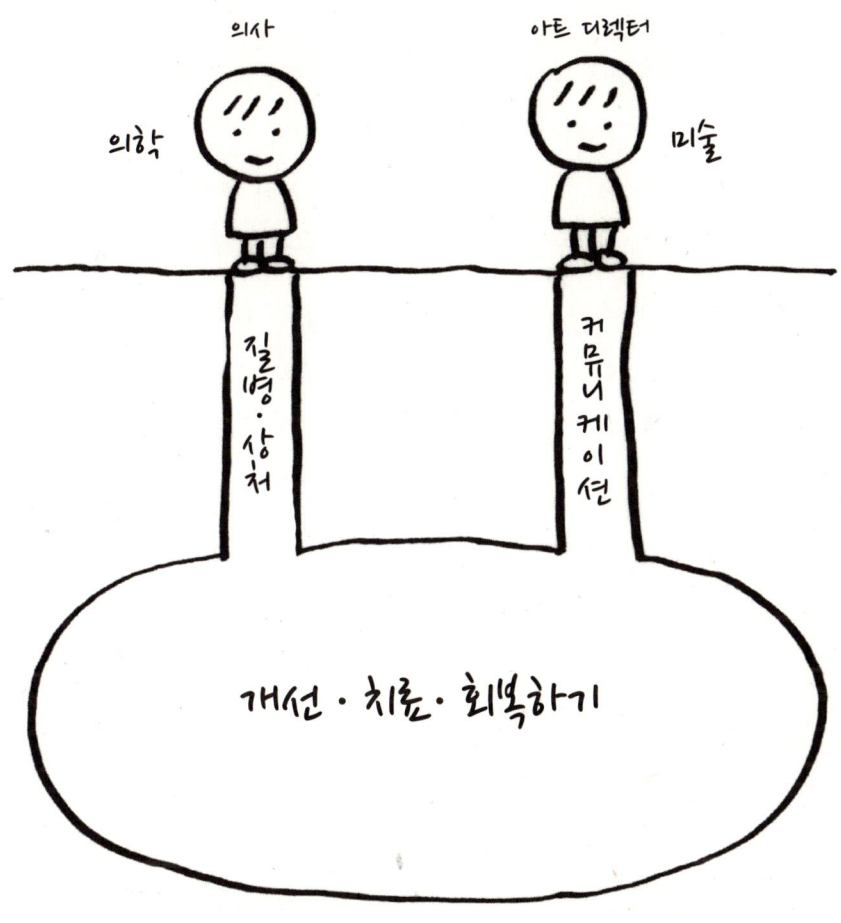

전혀 다르게 보이는 것도
깊이 파내려가면
공통점이 발견된다.

비유법이 어렵게 느껴진다면 먼저 자신의 일을 다른 것으로 빗대어보는 것부터 시작해보라. 나는 아트 디렉터가 하는 일을 '고객의 문제점을 대화를 통해 찾아내 디자인이라는 수법으로 처방하는, 말하자면 커뮤니케이션 의사 같은 일'이라고 설명하는데, 이처럼 전혀 다르게 보이는 것이라도 깊이 파헤쳐보면 공통점이 발견되는 경우가 많다. 디렉터라고 하면 이미지가 쉽게 떠오르지 않지만, '모든 것을 한데 모아 하나의 스토리를 완성하는 영화감독' 또는 '승리라는 목적을 향해 팀을 이끄는 야구 감독이나 축구 감독'처럼 구체적으로 상상하기 쉬운 비유를 들면 쉽게 와 닿는다.

==평소 모든 사물을 비유하는 습관을 들이면, 추상적이고 낯선 대상이라도 여러 각도에서 입체적으로 파악하게 되므로 표현력이 놀라울 정도로 풍부해진다.== 실제로 우수한 크리에이터 중에는 비유법을 능숙하게 구사하는 사람이 많다. 프레젠테이션이나 강연회에서 표현이 아주 적절하고 명확하면 사람들은 이야기에 저절로 집중하게 된다.

이처럼 비유법은 커뮤니케이션에서 강력한 무기가 된다. 전혀 관계없어 보이는 대상끼리 비유하는 것이 어렵게 느껴진다면, "그러니까 지금 ×××라고 말씀하신 것은 이런 것이군요"라고 하는 것처럼 상대방의 말을 자신의 말로 바꿔보는 것도 좋은 방법이다. 이렇게 상대방의 의도를 확인하면서 이야기를 진행하면, 이야기를 정리하는 마지막 단계에서 이미지를 쉽게 공유할 수 있다. 그뿐 아니라 커뮤니케이션 기술도 더욱 향상되고 일의 완성도 역시 높아질 것이다.

자신의 일을 그림으로 그려보라
말보다 전달력이 뛰어난 시각화

05

앞에서 설명한 '비유'는 말로 하는 표현법이지만, 때로는 말을 사용하지 않는 편이 더 쉽게 이해되기도 한다. 말 대신 '그림'이라는 시각적 도구를 사용하는 것이다. 나는 디자인을 하기 때문에 시각적 표현을 빼놓지 않지만, 비즈니스 현장에서 표나 그래프로 설명하는 경우는 있어도 그림을 사용하는 일은 거의 없다. 그러나 커뮤니케이션에서 시각화가 가지는 힘은 실로 엄청나다. 그림을 못 그린다고 걱정할 필요는 없다. 여기서 말하는 그림이란 시각적으로 호소한다는 의미지, 실제로 그림을 그린다는 말은 아니다. 따라서 그림을 잘 그리고 못 그리는 것은 전혀 관계가 없다.

내가 NTT 도코모의 어린이용 휴대전화(모델명 SA800i)를 디자인했을 때 의뢰인에게 제안서로 보여준 것은 아주 간단한 스케치 한 장이었다. 두꺼운 기획서나 세밀한 컴퓨터그래픽 화상이 아니라 몇 개의 선으로 이루어진 단순하기 그지없는 그림이었다. 휴대전화 화면이나 버튼의 배치 등 구체적인 디자인은 전혀 없었다. 그런데도 모든 사람이 납득하고 그대로 일을 진행할 수 있었던 것은 그 그림이 콘셉트의 본질을 단적으로 보여주었기 때문일 것이다.

그 본질이란 '지킨다'는 것이다. 이 기종은 어린이용으로 방범 벨이나 GPS 같은 안심 기능이 탑재되어 있었다. '지킨다'는 행위를 형태로 전환해봤을 때 가장 먼저 떠오른 것은 원이었다. 주변을 둥글게 에워싸는 형태는 안전의 상징이라 할 수 있다. 그리고 감싼다는 이미지에서 누에고치를 연상했다. 이러한 것을 그림으로 나타낸 것이 제품의 원형이 된 원을 두 개 겹친 형태였다.

너무 간단해서 믿기지 않는다는 사람도 있을 것이다. 하지만 ==콘셉트를 많은 사람에게 단적으로 전달할 때는 본질을 단순하게 표현할수록 시각 효과가 커지므로 더 쉽게 전달된다.== 이 누에고치 형태의 콘셉트를 말로 설명하거나 문장으로만 표현했다면 이미지화가 어렵고 복잡해서 전달하기가 더 힘들었을 것이다. '백문이 불여일견'인 셈이다.

〈스케치〉　　　　　　　〈완성품〉

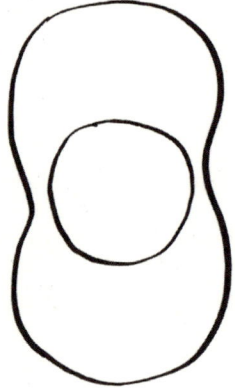

콘셉트는 '지키다'
형태는 누에고치

NTT 도코모 어린이용 휴대전화 SA800i

<스케치> <완성품>

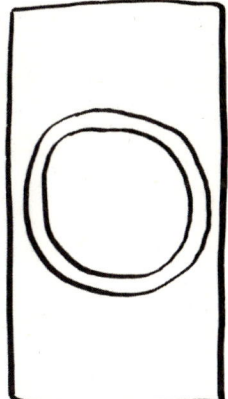 

콘셉트는 '빛으로 지키다'

NTT 도코모 어린이용 휴대전화 F801i

이 기종의 후속 모델(F801i)에서는 외형을 날렵한 사각형으로 바꿨는데, 어린이용 휴대전화의 콘셉트를 나타내는 원은 그대로 남겼다. 이때도 첫 번째 모델 때와 마찬가지로 직사각형 안에 원만 그려 넣은 스케치를 디자인으로 제안했다. 콘셉트는 '빛으로 지키다'였다. 원 부분은 '빛나는 고리(ring)'라는 새로운 방범 기능이 탑재된 곳이다. 강한 LED 발광으로 위험을 알리는 원형 부분을 단말기 중앙에 배치해서 새로운 어린이용 휴대전화의 콘셉트를 간결하게 표현했다. 제품 디자인 역시 상당히 단순한 형태로 거의 스케치대로 완성되었다.

시각 효과의 힘은 잘 알지만 어떤 경우에 활용해야 할지 모르겠다는 사람은 우선 자신의 일을 어떤 형태로든 그림으로 표현해보라. 예를 들어 프로젝트의 최종 목표는 보통 문서화해서 공유하는데, 그것을 글이 아니라 그림으로 나타내보는 것이다. 다음 페이지의 그림처럼 ==폭발적인 효과를 원한다면 깨지거나 터지는 모양을, 깔끔하게 정돈된 느낌을 바란다면 둥근 모양을, 일이 차분하고 오래 지속되기를 바란다면 완만한 선으로 표현하는 것이다.== 한번 보기만 해도 자신의 생각이 직접 전달되는 것 같지 않은가? 단순한 형태라도 그림이나 도표의 정보량은 풍부하므로 감각적으로 이해하기 쉽다. 이 방법도 비유법과 마찬가지로 말이 제대로 통하지 않는 외국인과 대화할 때 아주 효과적이다.

자신의 기분을 그림으로 표현해본다.
예 : 이번 프로젝트를 어떻게 하고 싶은가?

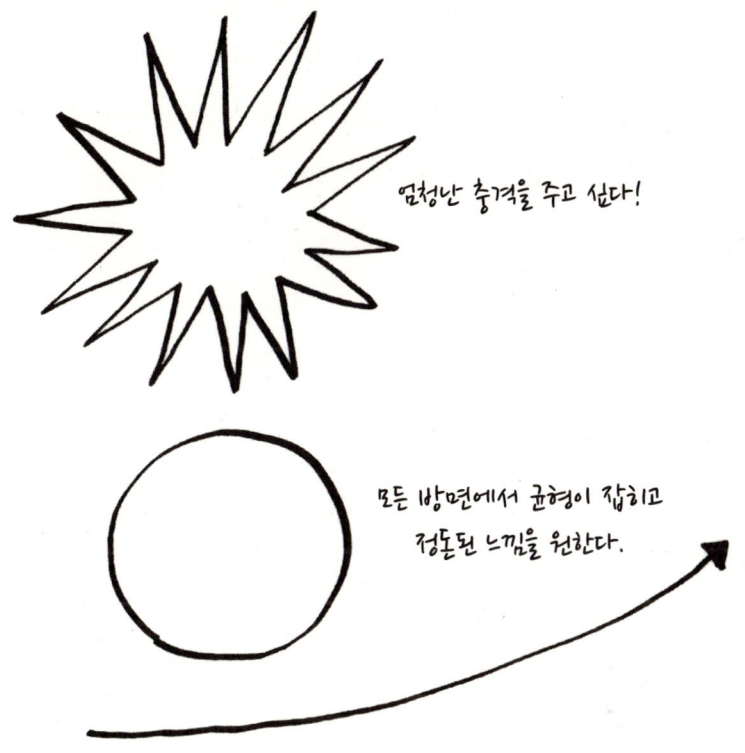

컴퓨터로 작성한 깔끔한 그림도 좋지만,
손으로 직접 그린 도표나 그림이 있으면
그것만으로도 상대방의 이해도가 매우 높아진다.

이것을 기업 차원에서 디자인한 것이 회사 로고다. 경영인은 기업이 이상으로 삼는 비전을 한눈에 전달할 수 있기를 원하는데, 가장 효과적인 것이 로고마크다. 예전에 나는 패스트 리테일링 그룹(유니클로가 속한 회사)의 로고 작업을 맡게 됐는데, 야나이 다다시 회장은 '옷을 바꾸고 상식을 바꾸고 세상을 바꾼다'는 경영철학을 가지고 혁신적 방향 전환을 모색하고 있었다. 나는 회장의 이러한 비전을 이니셜 F를 모티브로 한 새빨간 삼각형으로 디자인했다. 혁신적, 도전적, 차별화, 빠르고 역동적, 간결함, 명쾌함, 강함 등 패스트 리테일링이 지향하는 이미지를 하나의 형태로 전환하는 작업이었다.

이처럼 추상적인 개념을 순간적으로 이미지화하는 데는 시각화만큼 효과적인 것이 없다. 여러 상황에서 커뮤니케이션의 한 방법으로 활용해보기 바란다.

기억의 검색 엔진
관심 있는 것에 태그를 붙인다

머릿속에 담긴 이미지를 정확하게 전달하고 싶을 때는 말이든 시각화든 되도록 표현 방법을 다양하게 활용하는 것이 좋다. 표현이 풍부하면 상대방은 더 정확하고 확실하게 이미지를 파악할 수 있다.

우리 머릿속의 이미지는 기억의 조합에 의해 만들어진다. 즉 표현한다는 것은 기억을 짜맞추는 작업이라고도 할 수 있다. 따라서 무엇인가를 표현하기 위해서는 먼저 자신의 뇌에서 관련된 기억을 불러일으켜야 한다.

내 경우는 뭔가 인상적인 것을 발견하면 사진을 찍거나 메모를

하기보다 뇌 속의 아카이브(기억을 저장하는 정보 창고)로 먼저 들어가는 것 같다. 예를 들어 내가 2005년부터 담당하고 있는 '리사지(LISSAGE)'라는 스킨케어 제품이 있는데, 이 제품은 몇 년 전 상표 마케팅의 일환으로 디자인을 리뉴얼한 상태였다. 특허 받은 기술이나 품질은 더할 나위 없이 좋은데도 이러한 점이 제대로 전달되지 않았기 때문에 내가 해야 할 일은 상품의 장점과 철학이 한눈에 파악되게 하는 것이 핵심이었다.

진지하고 성실한 제품인 만큼 기능적인 면을 내세워야 한다고 생각하던 중 머릿속에 번뜩 떠오른 것은 '제품 용기 디자인을 기존의 펌프식이 아니라 트리거식으로 하면 어떨까?' 하는 것이었다. 트리거식이란 물총처럼 손에 쥐고 발사하는 방식이다. 트리거식은 힘을 별로 들이지 않고도 안쪽의 액체가 나오기 때문에 기능적으로는 뛰어나지만, 형태가 아름답거나 이미지가 우아하지는 않아 화장품에는 거의 쓰이지 않았다.

그런데도 트리거식이라는 느낌이 온 것은 예전에 파리의 한 멀티숍(편집 매장)에서 본 소화기를 떠올렸기 때문이다. 그 소화기는 일반적인 빨간색이 아니라 전체적으로 크롬을 입힌 것으로, 우리가 아는 소화기와는 완전히 다른 것으로 보였다. 주변의 세련된 인테리어에도 튀지 않고 아주 잘 어울렸다. 색깔 하나로 이렇게 다르게 보일 수도 있다니, 옷을 보러 온 원래의 목적도 잊고 나는 크롬으로 도금한

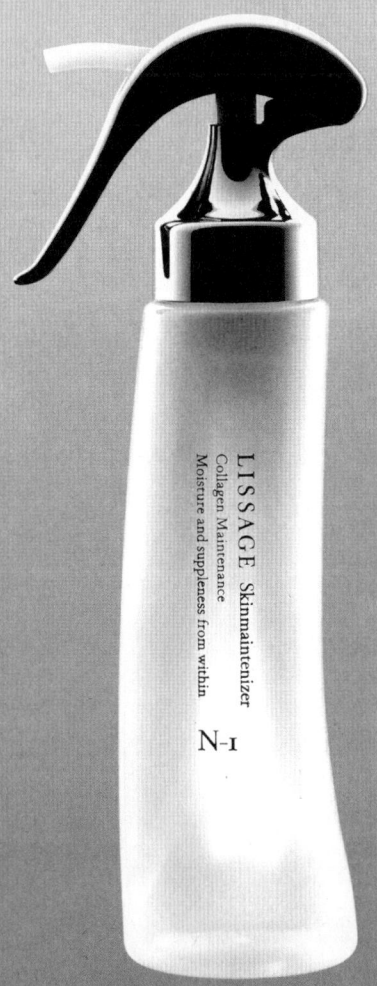

그 소화기에 완전히 정신이 팔리고 말았다.

직접 경험한 것은 뇌 속에 입력될 때 태그가 붙는다. 태그는 원래 꼬리표나 이름표를 의미하지만, 최근에는 인터넷상에서 블로그의 글이나 기사 등에 장르나 카테고리를 인식하기 위해 붙이는 추가 정보로 인식된다.

파리의 멀티숍에서 경험했던 것은 보통 때라면 "오, 멋진 소화기로군!" 하고 '소화기'라는 태그만 붙였을 것이다. 그러나 '색과 질감이 다른 것만으로 사물의 이미지가 완전히 바뀐다'는 점이 굉장히 인상적이었기 때문에 그때의 나는 '크롬 도금'이라는 태그도 같이 붙여 뇌 속에 입력했던 것 같다. 따라서 리사지 프로젝트를 진행할 때 당시의 기억을 끄집어내 '크롬으로 도금한 트리거식 화장품이 있다면 참신하고 편리한 데다 아름답기까지 할 것'이라는 이미지를 만들어낼 수 있었다. 결과적으로 리사지는 업계 최초로 트리거식을 채용했고, 획기적인 그 용기는 업계 내외에서 큰 반향을 불러일으켜 리뉴얼에 성공했다.

이처럼 나는 보통 때는 전혀 관련이 없어 보이는 것을 연결해 기억하곤 한다. 내가 일하는 분야에서는 '어떤 관점을 제시해야 지금까지와는 다른 새로운 가치를 만들어낼 수 있는지'가 상당히 중요하므로, 항상 여러 각도에서 대상을 파악하려고 노력한다. 크게 일반 생활인으로서의 관점과 크리에이터로서의 관점으로 나눠볼

태그를 붙여 뇌에 입력한다.

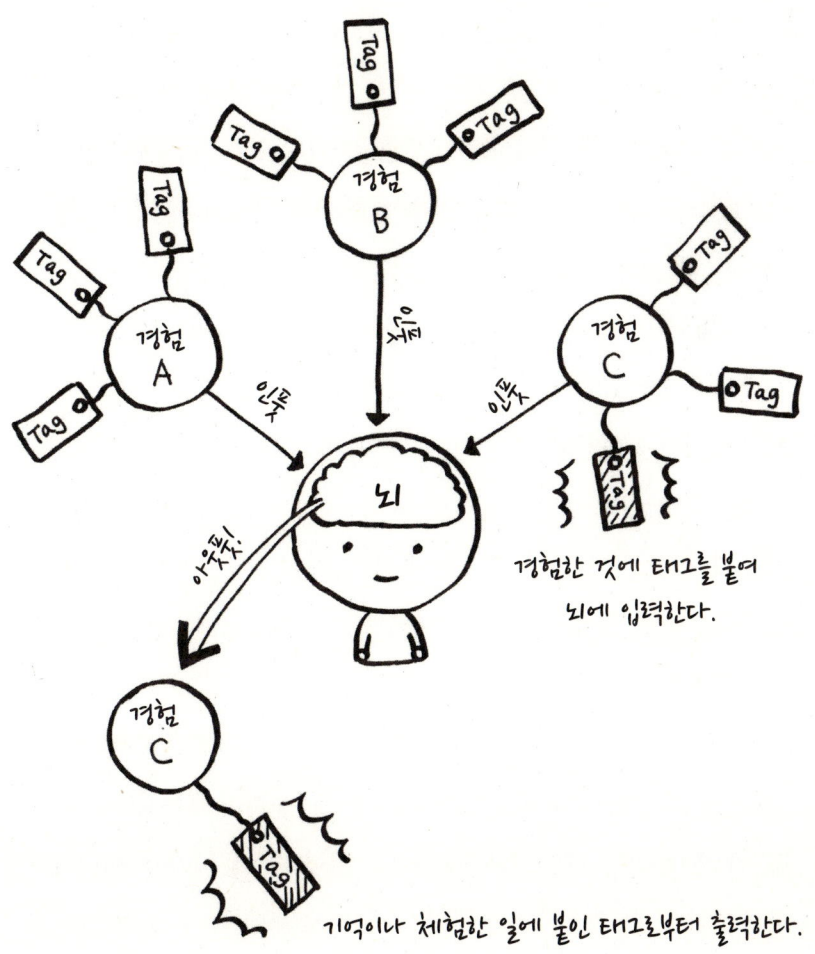

수 있다.

일반 생활인으로서의 관점이란 생활하면서 보고 느끼는 방식이다. 나는 그다지 깊이 생각하지 않고 기분을 되도록 중립으로 유지하면서 세상을 대하려고 노력한다. 한편 크리에이터로서의 관점이란 이렇게 생활하는 자기 자신을 객관적으로 관찰하는 방식이다. 좀 더 자세히 말하면 ==자신이 솔직하게 느낀 것을 시대의 큰 흐름에 비춰보는 거시적 관점과, 반대로 대상에 가까이 접근해서 세밀하고 엄밀하게 검증하는 미시적 관점에서 깊이 있게 관찰==하는 것이다. 그리고 이렇게 여러 관점에서 느낀 것에 계속 태그를 붙여 나간다.

생각해보면 내가 이러한 방식을 의식하고 행동으로 옮기게 된 것은 고등학교 2학년 때 미술 대학교에 진학하기로 결정하고 특훈을 받으면서부터였다. 입시 과목 중에 디자인의 '이미지 구성'이라는 것이 있다. 예를 들어 '봄의 이미지'나 달거나 매운 '맛의 이미지'를 표현하라는 식인데, 매우 추상적인 대상을 구체적으로 시각화하는 능력을 배우는 아주 어려운 과목이다. 평소에 여러 가지 것을 보고 느끼고 그것을 소재로 쌓아두지 않으면 예상치 못한 과제에 도저히 대응할 수 없다. '아이디어가 나오지 않는다'고 우리가 우는소리를 하면, 선생님은 매일 같이 "일상생활에서 경험한 것은 전부 아이디어 소재가 된다. 단, 항상 '크리에이터'의 눈으로 봐야 아이디어를 발견할 수 있다"라고 말씀하셨다.

주변이 온통 아이디어 소재라고 해도 처음에는 전혀 감을 잡을 수 없었다. 지극히 평범한 생활은 거꾸로 보든 바로 보든 평범하게밖에 보이지 않았다. 모든 것이 아이디어 소재라는 말은 마치 선문답 같았다. 그러나 어느 날 이러한 ==관점의 전환이나 사고방식도 자전거 타기에 성공하는 것과 마찬가지로 반복되는 훈련의 결과물임을 깨달았다.== 자전거도 처음에는 어렵게 보여서 다들 어떻게 타는지 신기하게 생각되지만, 방법만 익히면 순식간에 타게 된다. 이와 마찬가지로 관점을 바꾸는 것도 설명만 들어서는 알 수 없고, 직접 느끼고 익히는 과정을 거쳐야 몸에 배는 것이었다.

나만의 훈련 비결이라고 한다면, 마음에 들거나 인상적인 것을 발견했을 때 여러 가지 태그를 적극적으로 붙여보는 것이다. 내가 소화기에 크롬 도금이라는 태그를 붙였듯이, '태그=사물을 보는 방식'으로 이해하고 여러 방향에서 분석해본다. 어디에 사용할지 미리 정하지 말고, 일단은 의식적으로 태그를 계속 붙여 나가면 이미지는 점점 더 다양해질 것이다. 블로그에 태그를 많이 달아놓으면 그 주제에 관심 있는 사람이 블로그를 찾아올 확률이 높아지듯이, 태그를 많이 붙여 기억의 검색 엔진을 충실히 할수록 검색할 때 더 많은 아이디어(사물에 대한 관점)가 떠오른다.

한 가지 요점은, 좋아하는 것은 물론 싫어하는 것에도 태그를 달아보는 것이다. 이것을 왜 좋아하는지 또는 왜 싫어하는지 생각하면

'싫어하는 것'에 태그를 붙여본다.

'왜 싫어하는지'에 대한 태그를 되도록 많이 붙여본다.
태그의 개수만큼 '관점'이 늘어난다.

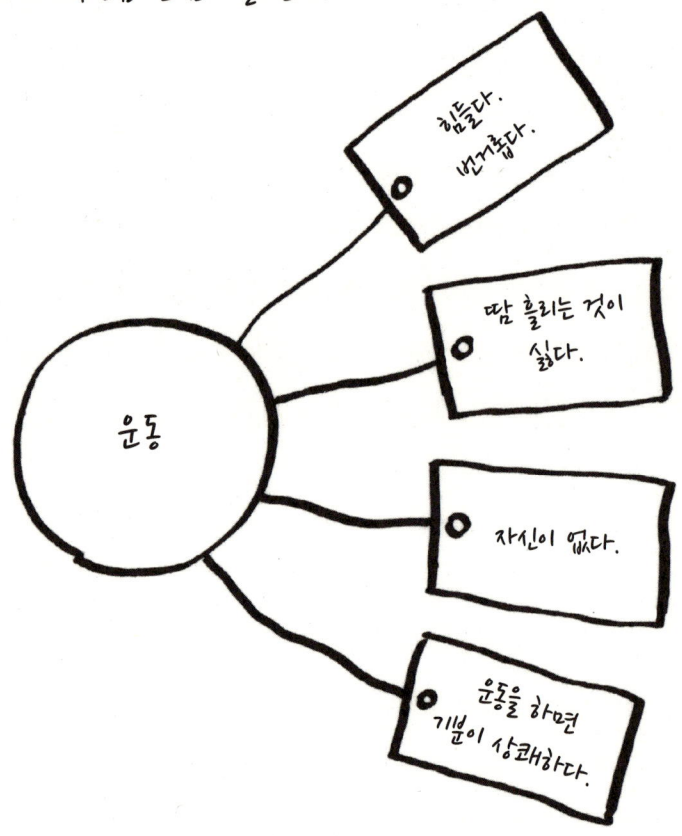

그다음엔 '어떻게 하면 그것을 좋아하게 될지' 생각해본다.

서, 그 이유나 키워드가 되는 태그를 계속 붙여 나간다. 좋아하는 것은 비교적 논리적으로 파악하기 쉽지만, 싫어하거나 흥미가 없는 것은 외면하게 되므로 의식 속에 좀처럼 들어오지 않는다. 싫어하는 이유에 대해 깊이 생각하거나 흥미가 없는 것에 관심을 기울이는 일은 무척 힘들기 때문에 '생리적으로 받아들이지 못한다'는 한마디로 차단해버리는 경우가 많다. 하지만 힘들어도 의식적으로 생각하고 관심을 기울인다면 그 성과는 더욱 커질 것이다.

왜 싫은지를 알게 되면 어떤 관점에서 봤는지에 따라 호감을 가질 수 있는 면이 드러나기도 한다. 일을 할 때 자신감 상실을 극복하는 데도 이러한 훈련은 상당히 도움이 된다. 커뮤니케이션에서 표현의 폭을 넓히는 데도 여러 가지 태그를 붙여 기억의 검색 엔진을 충실하게 하는 방법이 아주 효과적이다.

마음을 움직이는 프레젠테이션
설득보다 공감을

비즈니스 현장에서 창의력이 많이 요구되는 일 가운데 하나는 프레젠테이션일 것이다. 기획서 디자인이나 프레젠테이션 방법, 화술 등 사람의 마음을 붙잡으려면 어떻게 해야 하는지 고민하는 사람도 많은 것 같다.

   프레젠테이션 능력이라고 하면 보통 기교부터 생각하게 되지만, 그보다는 보다 본질적인 커뮤니케이션 기술을 키워 나가야 한다. 나도 광고업계에 갓 들어왔을 때는 여러 가지 연출을 하거나 특별한 무언가를 보여주지 않으면 프레젠테이션이 성공하지 못할 것이라고 생각했다. 프레젠테이션의 핵심인 내용보다는 본질과는 동떨어진 표층적인 기교에만 정신이 팔렸던 것이다. 그 후 능력 있는 선배들과 함께 일하면서 훌륭한 프레젠테이션을 여러 차례 경험하게 되었고, 이를 본보기로 삼아 내게 맞는 방법을 서서히 익혀 나가게 되었다.

현재 나의 프레젠테이션 스타일은 지극히 단순하다. 대부분 내가 그 문제에 대해 생각해온 과정을 순서대로 솔직하게 이야기할 뿐이다. 내게 ==프레젠테이션은 설득하는 자리가 아니다. 함께 일하게 될 사람에게서 공감을 이끌어내는 자리다.== 아무리 능수능란하게 이야기해도 상대방을 억지로 유도하려고 하면 저항감이 생기기 마련이고, 이런 마음은 마지막까지 남아 있기 십상이다. 분위기상 그 자리에서는 고개를 끄덕인다 해도 나중에 반대 의견을 제시할지도 모른다. 또한 설득하려고 하면 아무래도 과장해서 밀어붙이게 된다. 그러지 않으려면 프레젠테이션을 할 때 상대방의 공감을 얻는 것이 중요하다.

그러기 위해서는 자기 자신부터 '프레젠테이션 내용을 현실적으로 납득하는지' 가장 먼저 생각해야 한다. 단순히 내가 좋아하니까 다른 사람도 좋아할 것이라는 접근 방식으로는 결국 자신의 생각을 밀어붙이는 결과를 낳을 뿐이다. 개인적으로 좋아하는 것과 회사에서 공유할 만한 가치를 제대로 구분하는 것이 중요하다.

몇 년 전에 이마바리 타월의 상표 마케팅 프로젝트를 진행한 적이 있었다. 이마바리 타월의 장점을 어필하는 것이 우선 과제였는데, 초점을 어디에 맞추어야 할지가 문제였다. 가격이나 색, 디자인, 감촉 등 여러 가지가 떠올랐으나 본질은 역시 흡수성이라는 생각이 들었다. 감촉이나 색 같은 요소는 개인의 취향에 따라 달라지게 마련이지만 흡수성은 그러한 가치 기준이 아니다. 이 프로젝트를 맡게 된 것도 처음 사용해본 이마바리 타월의 흡수성이 아주 뛰어나 그 품질에 감동했기 때문이다. 색이나 무늬가 아니라 흡수성에 근거를 두고 품질을 중심으로 어필하는 것이 가장 본질적이며 시대가 바뀌어도 흔들리지 않을 가치라고 확신했다. 나는 내가 느낀 감동을 진심으로 전하고 싶어 프레젠테이션에서도 그 경험을 솔직하게 이야기했다. 이처럼 ==개인적인 체험이라도 냉정하게 한발 물러서서 본질적인 가치를 제시하면 공감을 불러일으킬 가능성이 커진다.==

공감할 수 있는 커뮤니케이션 회로를 구축하는 것은 어떤 프레젠테이션에서도 필요한 것이지만, 그것을 전달하는 방식은 상대나 안건 등에 따라 얼마든지 달라질 수 있다. 즉 최종안 한 가지만 프레젠테이션 하는 경우, 세 가지 중 하나를 그 자리에서 결정하는 경우, 생각한 과정을 전부 보여주기 위해 100개 정도 되는 안을 프레젠테이션 하는 경우 등등. 상황에 따라 철저하게 완성도를 높인 것만 제시하는 편이 좋을 때도 있고, 앞에서 설명했듯이 일부러 손으로 거칠게 그린 스케치를 보여주는 편이 나을 때도 있다. 프레젠테이션마다 전달 방식이 전부 다르다고 해도 될 정도다.

　하지만 형식적인 방법은 달리해도 한 가지 변하지 않는 것은 프레젠테이션이 공감을 형성하는 자리라는 생각이다. 이 때문에 나는 프레젠테이션에 참석한 사람이 아주 많아도 기본적으로는 한 사람 한 사람에게 이야기한다는 생각으로 발표한다. 일대일로 이야기하듯이 친근하게 말하면 사람이 아무리 많아도 쉽게 마음을 공유할 수 있다.

　준비해온 제안을 억지로 밀어붙이거나 자료를 일방적으로 제시하는 것이 아니라, 내 기분을 상대방에게 '선물한다'는 마음으로 임하는 것이 무엇보다 중요하다. 전달하고 싶은 내용을 상대방의 입장에서 정리하고 그것을 어떻게 전달할지만 생각한다면, 납득이 아니라 공감을 얻을 수 있는 프레젠테이션이 될 것이다.

창의적으로 실행하기

2장

조사보다 현실감
시대의 키워드는 '리얼리티'

08

21세기에 들면서 정보나 유행의 변화 속도가 더욱 급격히 빨라지고 있다. 불과 20~30년 전과는 비교도 되지 않을 정도다. 나는 어렸을 때부터 음악을 무척 좋아해서 중고등학교 시절엔 좋아하는 가수나 밴드의 레코드를 애지중지했다. 당시는 음악 잡지나 FM 라디오 외에는 음악 정보를 얻을 수 있는 곳이 거의 없었기 때문에, 레코드 재킷을 뚫어져라 쳐다보면서 그들이 활동하거나 라이브 하는 모습을 상상하곤 했다. 게다가 지금처럼 매장이나 인터넷을 통해 음악을 미리 들어볼 수가 없었던 터라 앨범 한 장을 사는 데도 엄청난 용기를 쥐어짜내야 했다. 하지만 정보가 없기 때문에 오히려 그들을 동경하는 마음이나 내 속에 자리한 그들의 존재감은 더 컸던 것 같다.

반면 정보에 쉽게 접근할 수 있고 뭐든지 바로 손에 넣을 수 있는 지금은 그만큼 기대감이나 설레는 기분을 느끼지 못한다. 기호와 가치관이 다양해져 옛날처럼 하나가 유행하면 온통 그것 일색이 되는 일은 거의 없다. 마케팅의 관점에서 표현하면 소비자의 실체를 파악하기 어려운 시대가 되었다고 할 수 있다. 따라서 모든 기업의 당면 과제는 '어떻게 해야 많은 사람의 마음을 움직이는 상품이나 브랜드를 만들어낼 수 있는가' 하는 것이다. 여기에는 시장조사도 한 가지 수단이 될 수 있겠지만, 무난하고 보편적인 결과가 나오는 경우도 많고, 질문 방식이나 답변의 데이터 해석에 따라 도출되는 결론이 상당히 달라진다는 단점도 있다. 따라서 그것만 믿고 방향성을 정할 수는 없다. 조사 자료에는 잘 드러나지 않는 '시대가 요구하는 감각'을 포착해야 하는 것이다.

나는 오늘날의 키워드를 '리얼리티'로 본다. 현대는 모든 생활환경이 빠르게 바뀌는 시대다. 따라서 표층적이고 쉽게 싫증나는 트렌드가 아니라, 보다 본질적이고 현실적인 감각으로 소비자의 마음을 자연스럽게 잡아야 한다.

==리얼리티를 파악하는 데 중요한 것은 '인간의 근원적인 부분에 호소하는 것'이다.== 인간의 행동 패턴이나 기호는 시대에 따라 변

뿌리로 연결되는 리얼리티

인간의 근원적인 부분에 호소한다.

할 수 있지만, 시대를 막론하고 변하지 않는 뿌리 부분도 있다. 누구에게나 있을 법한 추억 또는 감성을 찾아내거나 어렸을 때 각인된 풀 냄새나 차가운 물의 감촉 같은 감각을 일깨우면, 낡은 사진첩을 펼쳤을 때처럼 기억이 되살아나 마음이 움직이게 되는 것이다.

기린 비버리지의 '기린 치비레몬' 광고를 예로 들어보자. 이 광고에는 어렸을 때 어떤 집 앞을 지나갈 때마다 무섭게 개가 짖어 벌벌 떨었던 기억이나, 밖에 나가 놀고 싶은데 비가 와서 야속한 마음으로 하늘만 쳐다보던 일을 포스터와 CM으로 시각화한 장면이 나온다. 아이디어의 원재료는 내 사적인 경험이지만 이 광고가 좋은 평가를 받을 수 있었던 것은, 많은 사람이 이와 비슷한 추억과 경험을 갖고 있어 공감을 불러일으켰기 때문일 것이다.

또 다른 예로는 광고회사에 다닐 때 진행한 프로젝트 가운데 크게 히트한 혼다의 스텝왜건 광고도 있다. 이 광고에서는 '아이들과 함께 떠나자'는 카피 아래 차를 타고 공룡을 만나거나 우주로 여행하는 스토리를 묘사했다. 마치 그림책 속으로 뛰어든 것 같은 짜릿한 모험의 세계는 어렸을 때 꿈꾸었던 환상의 장면을 실현한 듯한 느낌을 주었다.

2008년에 연출한 기린 맥주의 기업 광고도 좋은 예라 할 수 있다. 이 광고에서는 깔끔한 술집 카운터에서 가부키 배우인 마쓰모토 고시로, 이치가와 소메고로 부자가 맥주를 주고받으며 즐겁게 이야기

마쓰모토 고시로·이치가와 소메고로 부자
기린 맥주의 기업 광고 '아버지와 아들' 편

하는 광경을 담백하게 그렸다. 네 가지 버전으로 방영된 이 광고는 실은 대본도 연출도 전혀 없는 다큐멘터리 형식의 실제 영상이다. 두 사람이 이야기하기 위한 '장소'만 설정한 후, 카메라를 돌려놓고 그 앞에서 맥주를 마시면서 마음 가는 대로 대화를 나누게 한 것이다.

예를 들어 '꿈을 말하다' 편에서는 이런 장면이 있었다. 아버지가 아들에게 설교조로 이야기를 한다.

"꿈이란 그냥 말만 한다고 이뤄지는 것도, 꿈만 꾼다고 이뤄지는 것도 아니다. 꿈이란 그것을 이루고자 하는 사람의 의지…… 응? 내가 이 말 했던가?"

"꽤 여러 번 하셨어요."(웃음)

"뭐? 여러 번? 이제 안 할게…….''(웃음)

이 모든 대사가 꾸미지 않고 그대로 나온 것이다. 맥주가 들어가자 기분이 좋아진 아버지는 아들에게 인생 이야기를 시작하고 아버지의 단골 레퍼토리에 아들은 웃음이 난다. 아버지가 나직이 중얼거리며 한발 물러나자 술자리는 웃음으로 가득 찬다. 화면 마지막에 '아버지, 아들. 인간은 이어진다. 기린 맥주'라는 문구가 나타나고 훈훈한 여운이 남는다. '아버지와 아들'을 콘셉트로 한 이 광고가 나가자 '오랜만에 부자끼리 맥주 한잔하고 싶어졌다'는 시청자의 소감이 빗발쳤다. 엄청난 반향을 불러일으킨 것이다.

이러한 즉흥적인 연출은 광고계에서 거의 쓰지 않는 아주 실험적인 방법이다. 시장조사에 근거해 의뢰인이 말하고자 하는 것을 사전에 대사나 내레이션으로 정해놓고, 이것을 대본에 충실히 반영한 다음 감독의 연출 아래 촬영하는 것이 일반적이다.

게다가 '아버지와 아들'이라는 콘셉트가 시대의 리얼리티를 제대로 전달할지도 의문이었다. 하지만 부모와 자식 사이에도 처참한 사건이 끊이지 않는 오늘날이야말로 인간관계를 다시 살펴봐야 할 때라는 생각이 들었다. 최근 몇 년 동안 부모와 자식 세대의 대담 기사를 다룬 책이나 잡지가 상당히 늘어났다. 이것은 많은 사람이 가족 간의 유대감 회복을 원하기 때문일 것이다. 그리고 이러한 시대라면 인간의 본질적인 부분을 자극해 진심으로 공감하게 하는 것이 중요하지 않을까?

이러한 생각에서 나는 실제 부자가 솔직하게 대화한다는 거짓 없는 설정으로 가기로 했다. 대사를 정해 연기하면 보는 사람도 그것을 느낀다. 나는 한 치의 거짓도 없는 실제 상황을 만들고 싶었다. 이것이야말로 시대의 리얼리티를 끌어내 '아버지와 아들'이라는 콘셉트를 전달하는 최고의 방법이라고 판단한 것이다.

물론 광고주는 즉흥적인 애드리브로 과연 좋은 영상을 뽑아낼 수 있을지 걱정했다. 하지만 대사의 내용이 아니라 두 사람의 '진실한 관계'가 훨씬 중요하다고 생각했기에, 설령 두 사람이 계속 침묵을 지키더라도 진짜 부자가 아니면 풍길 수 없는 분위기가 반드시 화면을 통해 전달될 것이라고 확신했다.

　실제 촬영에서 두 사람은 지금까지 너무 바빠 같이 술 마실 시간이 별로 없었다며, 덕분에 느긋하게 이야기할 기회가 생겼다고 기뻐했다. 아버지와 아들이기보다 스승과 제자라는 관계가 더 강했던 탓인지, 아들 소메고로 씨는 이날 처음으로 면전에서 '아버지'라고 불렀다고 한다. 이러한 현실감 있고 미묘한 마음의 움직임이 영상을 통해 묘사되었고, 맥주를 주고받으면서 끈끈해지는 인간관계가 아주 자연스럽게 전달되었다.

　일반적인 광고 제작 방식과는 다르지만 '조사보다는 현실감'이 중요하다는 것을 믿고 도전한 결과, 주류 업계의 광고 선호도에서 1위를 차지할 정도로 많은 사람의 공감을 얻을 수 있었다. 위험을 피하고 안전한 방법으로 제작했다면 아마도 무난한 작품으로 그쳐 보는 사람의 마음 깊은 곳까지는 움직일 수 없었을 것이다. 이후로도 이 광고는 호평에 힘입어 레슬링 선수인 이초 지하루, 가오리 자매와 그들의 아버지 하루유키 씨, 배우인 야마자키 쓰토무 씨와 딸 나오코 씨, 도호쿠 라쿠텐 골든이글스의 투수 다나카 마사히로 씨와 그의 아버지 히로 씨로 이어지는 시리즈가 되었다.

　광고 제작을 예로 들어 설명했지만 '리얼리티가 공감을 이끌어 낸다'는 것은 분야에 관계없이 마케팅 전체에 통하는 개념이라고 생각한다. 뭘 해도 형식적인 마케팅 개념에 얽매이게 된다는 사람은 과감하게 관점을 바꾸어보라. 시대에 좌우되지 않는 인간의 뿌리 부분을 찾아내 본질적인 가치를 중심으로 전략을 세우면, 새로운 돌파구가 보일 것이다.

고객의 시선과 대중의 시선
비슷하면서도 다른 수요자와 소비자

09

리얼리티를 갖는 데 중요하다고 생각되는 또 한 가지 관점은 '대중의 시선'이다. 비즈니스에서 일반적으로 생각하는 '고객의 눈높이에 맞춘 시선'과는 비슷하면서도 다른 관점이다. 기업이 가정하는 '고객'은 대체로 '자사의 상품을 구입할 것'이라는 높은 기대치가 전제로 깔려 있다. 그러나 세상 사람은 대부분 기업이 생각하는 것보다 훨씬 냉정하고 메마른 눈으로 상품이나 브랜드의 가치를 판단한다. 대중의 시선이란 이처럼 일반 생활인으로서의 객관적인 관점이다. '고객의 시선'으로 보면 아무래도 기업의 사정이나 업계의 상식에 사

==로잡힐 수밖에 없으므로 사람들이 실제로 원하는 것을 잘못 파악하게 될 수 있다.==

예를 들어 음료는 짧은 주기로 수많은 종류가 계속해서 출시되는데, 기업 입장에서 경쟁 회사의 제품과 크게 차별화를 꾀했다고 생각해도 소비자는 그 차이를 별반 느끼지 못하는 일이 많다. 다기능 가전제품도 마찬가지다. 기업은 '고객의 편의를 생각한 새로운 기능'이라고 홍보하지만, 과연 소비자가 이런 기능까지 원할까? 오히려 기능이 너무 많아서 제대로 사용할 수는 있는지 의문이다.

내가 광고회사에 근무했을 때는 '광고는 사람의 시선을 끄는 것'이라는 암묵적인 전제하에 일이 진행되었다. 그러나 실제로 무관심이라는 벽을 깨고 사람들의 눈을 끌어당기는 광고 만들기는 아주 어렵다. 열심히 만들어도 대부분 시선을 끌지 못한다. 그렇기 때문에 나는 일반 생활인이 가진 대중의 시선을 잊지 않도록 늘 주의한다.

상표·마케팅 일이 늘어난 최근에는 이러한 관점이 더욱 중요해졌다. 예를 들어 지금까지 한 번도 접하지 않았던 업계에서 의뢰가 들어오면 나는 기탄없이 의견을 나눌 수 있도록 일부러 사전지식 없이 회의에 참석한다. 업계의 상식에 사로잡히지 않는 냉정한 대중의 시선으로 보면, 업계 내부에서 알아차릴 수 없는 문제점이나 과제가 눈에 잘 띄기 때문이다.

2008년에 의뢰받은 '슈트셀렉트'의 상표 마케팅도 이러한 관점에

고객의 시선과 대중의 시선

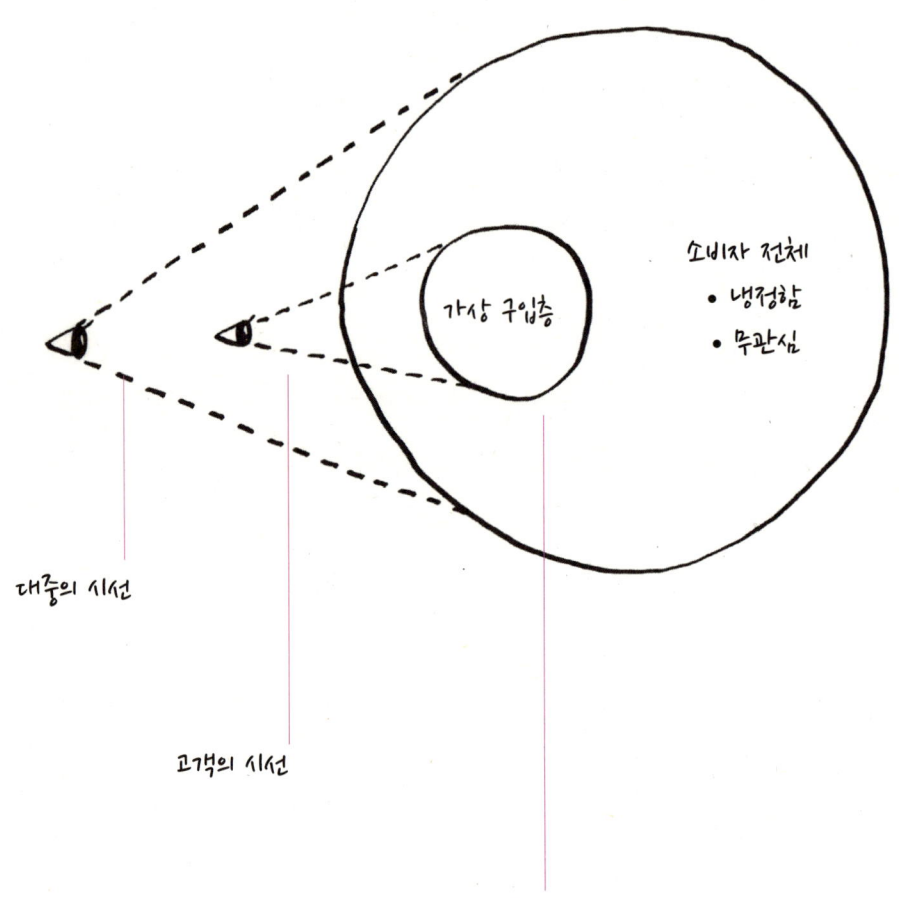

서 작업을 시작했다. 신사복 전문 업체인 고나카와 후타타는 경영 통합 후 첫 번째 사업 전략으로 투 프라이스 브랜드를 새롭게 리뉴얼하기로 했다. 투 프라이스란 문자 그대로 두 가지 가격대의 상품을 판매하는 운영 형태다. 20만 원대와 30만 원대라는 적당한 가격으로 내놓기 때문에 양복을 잘 사지 않는 젊은 층도 큰 부담 없이 구입할 수 있다.

나는 이 일을 맡은 즉시 매장 한 곳을 찾아가 보았다(그 당시는 '슈트셀렉트21'이라는 이름이었다). 고나카의 고나카 겐스케 사장과 만나기 전에 나만의 솔직한 느낌을 갖고 싶었기 때문이다.

투 프라이스 숍은 처음 가보았는데 옷을 입어보고 내심 놀랐다. 싼게 비지떡이라는 생각이 적잖이 있었는데 상품의 질이 무척이나 좋았기 때문이다. 그때 입고 간 외국 브랜드의 재킷과 비교해도 별 차이가 없었다. 가격이 싸다는 이미지만 부각되어 가격에 비해 질이 월등하다는 사실이 제대로 전달되지 않은 점은 참으로 안타까운 일이었다. 또 한 가지 문제는 양복은 상당히 많이 진열돼 있었지만, 어떻게 구성되고 각각 어떤 차이가 있는지 파악하기가 어려워 옷 고르기가 쉽지 않다는 점이었다.

이처럼 ==일반 손님으로서 느낀 첫인상은 상당히 중요하다. 백지 상태의 느낌이므로 어떤 편견에도 얽매이지 않는다.== 의뢰인에게 먼저 이야기를 듣는다면 아무래도 기업의 관점에 치우친 정보가 입력되므로 객관적으로 대상을 보는 것이 어려워진다.

고나카 사장과 만난 자리에서 이때의 첫인상을 허심탄회하게 이야기하고, 시간을 들여 여러 가지를 꼼꼼하게 체크하면서 최종 과제를 도출해 나갔다. 그 결과 우리가 이끌어낸 비전은 투 프라이스의 가치에 더 철저히 집중하는 것, 즉 투 프라이스 숍의 본질을 명확하게 눈에 보이는 형태로 만들자는 것이었다. 흔히 말하는 패션 브랜드처럼 '시대의 감각'으로 눈길을 끌거나 아웃렛처럼 '싼 가격'에만 초점을 맞추는 것이 아니라, '질 좋고 부담 없는 가격의 양복을 단순하고 합리적인 상품 구성과 판매 방식으로 제공하는 매장'이라는 매력을 철저하게 어필하기로 한 것이다. 그리하여 상품 콘셉트는 '리얼 슈트'로 정했다. 업무용 양복으로 특화해, 시대에 맞는 스타일과 가격으로 매일 입을 수 있는 실용적인 신사복이라는 의미다.

상품 구성에도 대중의 시선을 최대한 활용했다. 양복을 고르는 일반 고객의 시점을 그대로 반영한 것이다. 기존의 슈트셀렉트21은 두 가지 가격대에 세 가지 양복 스타일이 있었는데, 각 스타일 간 차이가 미묘해서 무엇을 기준으로 선택해야 할지 애매했다. 이것을 정리해서 트렌드를 반영한 '블랙 라인'과 기본 스타일인 '실버 라인' 두 종류로 줄이고, 그것을 다시 두 가지 가격대로 나누어 선택의 폭을 네 가지로 압축했다. 상품 구성이 단순해지니 옷을 고르기가 훨씬 쉬워졌다.

각 라인의 차이를 명확히 하기 위해 양복 디자인에도 관여했다. 양복 깃의 폭이나 진동을 좁게 하고 단추 위치를 내리거나 주머니 폭과 바지 실루엣을 조정하는 등 사소한 부분에서 조금씩 차이를 두었다. 그러면 최종적인 느낌은 완전히 달라진다. 이러한 방향 설정에 대해 사내의 제작 담당자도 호의적으로 반응했다. 지금까지는 세 가지 상품 라인에 차이를 두는 것이 미묘하고 어려워 옷을 만들기가 쉽지 않았다고 한다. 이 말을 듣고 역시 고객의 시선과 대중의 시선에 차이가 있다는 것을 다시 한 번 실감했다. 선택의 폭이 넓을수록 고객이 좋아할 것이라는 관점이 오히려 상품의 특징을 애매하게 만들어 제작자까지 힘들게 한 것이다.

콘셉트를 명확하게 전달하기 위해 로고나 매장의 인테리어 디자인에도 관여했다. 네 개의 선이 세로로 나란히 그어진 '페어 플래그'라는 이름의 로고는 두 가지 가격대와 두 가지 스타일이라는 선택 시스템을 상징화한 것이다. 인테리어 디자인의 콘셉트는 양복과 셔츠를 기분 좋게 선택할 수 있는 '거대한 워크인 클로짓'으로 정했다. 워크인 클로짓은 사람이 걸어 들어가서 물건을 정리할 수 있는 공간을 일컫는다. 양측 벽면에 블랙 라인과 실버 라인을 각각 배치하고, 느긋하고 편안한 분위기를 만끽할 수 있도록 중앙에는 큼직한 테이블을 마련했다. 신장별로 옷을 배열해 자신의 사이즈를 즉시 찾을 수 있도록 한 점도 기능적이고 기분 좋은 공간을 만드는 데 한몫했다.

슈트셀렉트에서 활용한 대중의 시선은 앞에서 설명한 '인간의 근원적인 부분에 호소한다'는 항목과 비교하면 난이도가 조금 높을지도 모른다. 항상 시대의 흐름을 파악해서 신선한 감각을 유지해야 하기 때문이다. 이러한 감각을 키우기 위해서는 평소에 늘 '생활인'이라는 의식을 가져야 한다. 사적인 상황에서는 감각이 어긋나는 일이 없어도, 그것이 일과 관련되는 순간 회사의 사정이나 업계의 관습에 얽매여 잘못된 판단으로 이어지는 경우가 많다. **'대중의 시선'과 '고객의 시선'이라는 비슷하면서도 다른 두 가지 관점을 이해하려면 회사 일을 할 때도 늘 생활인의 현실 감각을 유지할 수 있도록 노력해야 한다.**

무엇이든 매체가 될 수 있다
기존 매체의 틀을 깨뜨리다

앞에서 '리얼리티가 공감을 불러일으킨다'고 했는데, 커뮤니케이션의 관점에서 보면 현대야말로 '공감'의 시대. 그리고 이러한 시대의 특성과 밀접한 관련이 있는 것이 매체다. 매체의 변천 과정을 더듬어보면 현대의 커뮤니케이션 활동에서 매체 전략의 중요성이 자연스럽게 드러난다.

1980~1990년대의 매스미디어 전성기는 광고 커뮤니케이션의 관점에서 보면 '설득'의 시대였다. 텔레비전, 신문, 잡지, 라디오라는 네 개의 매스미디어를 통해 기업에서 내보내는 새로운 상품 정보를

소비자는 있는 그대로 받아들였다. 텔레비전 광고가 대중에게 큰 화제가 되고 신문 광고가 권위를 자랑하는 등 매체 광고의 효과는 절대적이었다. 당시는 지금보다 정보량도 적고 정보원도 한정되어 있었기 때문에 설득형 커뮤니케이션도 쉽게 받아들여졌다.

상황의 변화가 느껴지기 시작한 것은 1990년대 중반이다. 소비자의 정보력이 커진 이유도 있겠지만, 사람들은 기업의 일방적인 설득을 그대로는 받아들이지 않게 되었다. 이로 인해 광고는 좀 더 부드러운 '제안' 형태의 커뮤니케이션으로 전환되었다. 노골적으로 '이것이 좋다'고 밀어붙이는 것이 아니라, '이러한 장점이 있으니 어떠신가요?'라고 은근슬쩍 유도하는 방법이다. 잡지에서는 기사에 거부감 없이 융화되는 제휴 광고가 눈에 띄기 시작하고, PR를 포함한 복합적 홍보가 늘어난 것도 이때쯤이다. 미디어믹스(광고 효과를 극대화하기 위해 성격이 다른 여러 가지 매체를 섞어서 이용하는 것) 시대가 온 것이다.

급기야 2000년에 접어든 뒤로는 휴대전화와 인터넷이 생활에 침투해 정보의 흐름이 일방통행에서 쌍방통행으로 완전히 변했다. 블로그나 소셜 네트워크 서비스(SNS)가 사회현상이 되어 기업이 개입하지 않는 개인 간의 연결이 깊어지고, 일반 사용자의 기탄없는 평가나 의견에 사람들이 리얼리티를 느끼게 된 것이다. 정보량이 막대하게 커지고 가치관이나 기호가 점점 더 다양해지면서 기업이 내보내는 정보와는 별도로 이해관계가 얽히지 않은 소비자들이 연계해 서로 정보를 주고받는 경향이 강해졌다. '설득'에서 '제안'을 거쳐 '공감'의 시대에 이른 것이다.

이처럼 지금은 소비자가 정보의 발신자가 될 정도로 매체가 다양해졌기 때문에 예전처럼 일방적인 광고만으로는 사람들의 마음을 쉽게 붙잡을 수 없다. 힘들게 좋은 상품을 개발해도 그것을 전달하는 방법이 적절하지 않으면 좋은 결과를 얻기 어렵다. '어떤 타이밍에, 어떤 것을 내보내야 최대 효과를 낼 수 있는가' 하는 전략을 프로젝트 초기부터 상품 제작과 병행하며 생각해 나가야 한다.

나 역시 대중매체의 틀을 깨뜨리고자 무던히 애쓰던 시기가 있었다. 이때 큰 전환점이 된 것이 광고회사 시절에 담당했던 '기린 치비레몬' 프로젝트다. 이 일을 의뢰한 기린 비버리지는 대표 상품인 기린 치비레몬을 리뉴얼하여 어떻게든 잘 팔리길 바랐다. 이 프로젝트는 상품 개발 단계부터 책임을 맡은 것으로, 내게는 총괄적인 크리에이티브 디렉터로서의 첫 번째 일이었다.

내가 어렸을 때는 달콤하면서도 톡 쏘는 맛이 매력적인 탄산음료가 인기 있었지만, 기린 치비레몬 프로젝트를 맡은 1999년 당시는 전반적으로 탄산음료 판매량이 크게 떨어진 시기였다. 건강에 관심이 높아지면서 주스보다는 차나 미네랄워터가 음료 시장의 중심이 된 것이다. 그러자 기린 치비레몬은 시대의 흐름에서 서서히 멀어져 판매량이 뚝 떨어졌다. 그러나 기린 비버리지는 이 음료가 회사 창립 때부터 함께 커온 소중한 상품이기에 어떻게든 다시 활성화되기를 바랐다.

사실 굉장히 어려운 일이어서 어떻게 풀어 나갈지 솔직히 난감했다. 트렌드에 역행하는 제품이라 늘 하던 방식으로 리뉴얼해봤자 잘 되기는 어려울 것 같았다. 파격적으로 돌파하지 않으면 만족할 만한 결과를 낼 수 없을 것이라고 생각했다. 그래서 일단 나 자신의 일상적인 행동을 객관적으로 살펴보고 어떤 순간에 음료를 구입하는지 생각해보았다. 그러자 음료를 사러 갔을 때 편의점 진열대 앞에서 그 순간 눈에 띄는 상품에 손이 간다는 사실을 깨달았다. 그렇다면 예전처럼 텔레비전 광고에만 의지할 것이 아니라, 그 상품이 놓여 있는 '진열대' 자체를 매체로 인식하고 그 안에서 인상적인 존재감을 나타내는 편이 효과적일 것이라는 생각이 들었다. 이렇게 설명하니 참으로 당연한 소리 같지만, 그때까지 나는 편의점 진열대를 그저 물건을 올려놓는 곳으로 여길 뿐 매체로 생각한 적은 한 번도 없었다. 편의점 ==진열대를 매체로 인식함으로써 그곳은 '진열 장소'에서 '표현 장소'로 탈바꿈==했고, 그 즉시 나는 자유롭게 아이디어를 떠올리게 되었다.

그때 생각한 것이 '어떻게 하면 눈에 띌 것인가'다. 음료 업체는 진열대를 확보하기 위해 치열하게 경쟁한다. 작은 공간에서 수백 개나 되는 상품이 자리싸움을 하기 때문에, 신상품이 승부를 내야 하는 기간은 고작해야 2주 정도밖에 되지 않는다. 이런 조건에서는 포장의 색이나 서체의 디자인을 조금 바꾸는 것만으로는 아무런 효과가 없다. 더욱 강력한 전환점을 찾던 중 페트병의 형태부터 근본적으로 다시 생각하게 되었고, 지금까지 없었던 작은 크기의 병을 만들어보자는 데 생각이 미쳤다. 같은 크기의 병들 사이에 크기가 완전히 다른 하나가 끼어 있다면 싫든 좋든 눈에 띄기 마련이다. 키 작은 '기린 치비레몬'은 이렇게 탄생했다('치비'는 키가 작음, 꼬마라는 의미다).

이 제품은 의도한 대로 편의점 진열대에서 압도적인 존재감을 발휘했다. 키 작은 병은 어쨌든 눈에 띄었고 오동통하고 귀여운 외형도 한몫해서 어린이에게 폭발적인 인기를 얻었다. 또한 지금까지 양이 많아 한 병을 다 마시지 못하던 여성에게도 지지를 얻어 리뉴얼은 그야말로 대성공이었다.

매체에 대한 기존의 관념을 깰 수 있었던 기린 치비레몬 프로젝트 경험으로 나는 '길거리'가 세상에 강한 영향을 미치는 매체가 될 수 있음을 확신했다. 그리하여 광고회사를 그만두고 독립한 후 인기 그룹 스마프의 앨범 홍보를 맡았을 때는 시부야의 노상 주차장에 있는 모든 차에 차주의 허락을 받고 스마프 로고가 들어간 자동차 덮개를 씌웠다. 그리고 시부야 거리를 오가는 사람에게 옷에 붙이는 스티커를 나눠주고 앨범 이름과 똑같은 'Drink! Smap!'라는 음료를 출시하는 등 상당히 대담한 방식으로 활동을 펼쳐 텔레비전 뉴스나 연예 프

로그램, 신문에서도 큰 화제가 되었다. 이러한 독특한 광고 활동 자체가 콘텐츠가 되어 스마프의 존재감은 더욱 두드러지게 되었다.

또한 기린 맥주의 발포주 '고쿠나마'를 홍보할 때는 텔레비전 대신 빌보드(고속도로변 등에 세운 대형 광고판)나 신문, 잡지 등의 그래픽 매체에만 광고를 집중했다. 연예인도 전혀 등장시키지 않고 라벨과 가격만 강조했는데, 그런 외형이 사람들에게 강한 인상을 주어 급속히 인지되었고, 고쿠나마는 순식간에 대히트하게 되었다. 매체의 이용 방식을 완전히 바꿈으로써 모든 프로젝트를 성공으로 이끌고 큰 반향을 불러일으킬 수 있었던 것이다.

그렇다고 기존의 대중매체를 부정적으로 생각하는 것은 결코 아니다. 이전처럼 절대적인 영향력은 행사할 수 없을지라도, 앞으로 대중매체가 사라지는 일은 없을 것이다. 이것은 매체 전체가 다양해진다는 의미이기도 하다. 즉 예전에는 정식밖에 없었지만, 지금은 여러 종류의 음식을 다양한 방식으로 조합해서 먹는 셈이다. 각각의 상황에 맞춰 선택의 폭이 넓어지고 자유로워진 만큼 여러 가지 재미있는 시도를 할 수 있게 되었다.

중요한 것은 프로젝트에 적합한 매체 전략을 상품 개발과 동시에 전개해 나가는 것이다. 다르게 표현하면 ==콘텐츠뿐 아니라 '상황'을 디자인할 수 있는 능력이 필요하다==고 할 수 있다. 여기서 상황이란 '이 타이밍에 이러한 콘텐츠를 이 매체에 공개'함으로써 생기는 '보통 때와는 다른 분위기'를 의미한다. 평범한 일상을 새로운 관점으로 들여다보면 신선한 놀라움과 감동을 발견할 수 있다.

또한 ==상황을 디자인한다는 것은 그 주변에 존재하는 사람, 물건 등 모든 대상과 관계를 맺는 일이다.== 이로 인해 종합적으로 '환경을 디자인하는 일'이 가능해진다. 광고와 상품 또는 주변 환경이 잘 맞아떨어지면, 그 상승효과는 상품만으로 어필하는 것보다 훨씬 압도적이며 더 큰 매력을 발휘할 수 있다. 상품 하나에만 집중하지 말고, 상표 마케팅이라는 큰 틀 안에서 상품 개발과 적절한 매체 전략을 효과적으로 연결해보자.

주체성을 이끌어내는 방법
업무를 '자신의 일'로 인식한다

11

책임자로 일하다 보면, 부하 직원들이 지시받은 일은 잘하지만 자발적으로 일하는 주체성은 부족하다고 느껴질 때가 있다. 프로젝트를 대하는 구성원의 자세가 제각각인 탓에 그들의 의욕이나 일체감을 어떻게 끌어내야 할지 고민되기도 한다.

이러한 문제를 해결하는 데 가장 중요한 점은 '자신의 일'로 인식시키는 것이다. 그저 '남의 일'로만 느끼면 아무런 흥미도, 의욕도, 문제의식도 생기지 않는다. 일과 자신 사이의 접점을 찾아 그 일에 적극적으로 임하는 것은 창의적으로 일을 진행하는 원동력이 된다. 내가 2007년에 책임을 맡았던 도쿄 도 교향악단의 VI(기업이나 조직의 정체성을 나타내는 시각적인 상징) 재정비 작업은 이 점을 무엇보다 중요하게 여긴 프로젝트였다.

'도향'이라는 이름으로 더 친숙한 '도쿄 도 교향악단'은 40년 이상의 역사를 자랑하는, 일본에서도 손꼽히는 실력 있는 오케스트라다. 그러나 이 악단의 정체성은 불명확했다. '도쿄 도 교향악단', '도쿄 교향악단', '도쿄 필하모니 교향악단' 등 '도쿄'와 '교향악단'이 붙는 오케스트라가 여럿 있었기 때문에 클래식 골수팬이라면 몰라도 일반인에게는 혼란스러웠다. 또한 도향의 로고도 무슨 이유에선지 전혀 다른 세 가지 형태를 섞어 쓰고 있었다. 도향의 정체성을 명확하게 드러내기 위해서는 이러한 상황을 정리해야 할 필요가 있었다. 그래서 악단 스스로 조직한 '로고마크 선정위원회'를 중심으로 VI 리뉴얼 프로젝트를 시작했다. 이는 2015년 창립 50주년을 준비하는 작업이기도 했다.

지금까지 기업의 CI(기업 이미지 통합 작업)는 몇 번이나 진행해봤지만, 오케스트라 작업은 처음이었다. 우선 실감한 것은 오케스트라가 일반 기업과는 완전히 다른 형태의 조직이라는 점이었다. 위에서 아래로 지시가 내려오는 체계가 아니라 전체의 조화로 하나의 음악이 완성되는 단체이므로 대표자나 소수의 프로젝트 담당자와만 조율해서는 일을 진행할 수 없었다. 선정위원회는 물론, 악단 전체가 어떤 의식을 갖고 있는지가 매우 중요했고, 나는 모든 단원이 각자 정체성을 확고히 가지기를 바랐다. 따라서 원래는 의뢰인의 이야기를 듣고 내가 비전을 다듬어가는 과정을, 되도록 많은 단원이 참가해서 적극적으로 자신의 생각을 이야기하는 자리로 만들었다. 작업을 위한 첫 만남에서 나는 먼저 이렇게 말했다.

"제가 로고 제작을 맡았지만, 로고 디자인이라는 것이 금세 뚝딱 하고 만들어지는 건 아닙니다. 디자인이란 비전을 형태로 만드는 작업이니까요. 그리고 비전 자체는 여러분이 만들어내는 것입니다. 이 교향악단이 어떤 악단인지, 앞으로 어떤 식으로 존재해야 하는지 그것을 여러분과 함께 이야기하면서 정리해 나갈 것입니다. 이 일이 끝나야 비전을 형태로 만드는 작업에 들어갈 수 있습니다."

사람들은 깜짝 놀라는 표정이었다. 그들에게 '로고 제작'이란 작업을 의뢰한 시점에 이미 자신들의 손을 떠나 '타인의 일'이 된 것이기 때문이었다. 많은 사람이 디자이너에게 일을 의뢰하고 기다리기만 하면 마술처럼 턱하니 디자인이 튀어나온다고 생각하지만, ==내 역할은 어디까지나 '끌어내는 것'일 뿐, 주체는 의뢰인이다.== 악단의 모든 구성원이 적극적으로 프로젝트에 참여하겠다는 의식이 없으면 완성된 로고에 올바른 이해나 애착을 가지지 못해 결과적으로 로고가 제대로 운용되지 못하고, 나아가 악단의 정체성을 강하게 어필할 수 없게 된다. 그렇다고 바쁜 연주 활동 중에 '우리는 어떤 악단인

도쿄 도 교향악단 로고마크 선정위원회와
의견을 나누는 모습

가?'를 새삼스럽게 생각할 여유는 없을 테니, 내 말을 들었을 때 당황한 것도 무리는 아니었을 것이다.

그다음은 토론을 해서 단원들의 생각을 끌어내는 작업을 반복했다. 각자 생각하는 교향악단의 이미지나 이상을 계속 이야기하는 중에 조금씩 정체성의 기반이 다져지기 시작했다. 나는 마치 토크쇼의 사회자처럼 단원들의 발언을 자연스럽게 이끌어내는 데 철저히 집중했다. 의견이 이어지지 않으면 내가 맡았던 다른 프로젝트 이야기를 하거나 다른 악단과 비교해서 그들의 개성을 발견하도록 했다. 또한 단원 전체의 의견을 듣기 위해 앙케트를 작성하고, 그것을 정리하는 일도 부탁했다. 이러한 작업이 쌓여가면서 단원들의 결속력이 강해지고 주체성이 서서히 높아지는 것을 느낄 수 있었다.

거듭된 토론과 앙케트로 드러난 것은 '박력'과 '정확', '강인함'과 '섬세함', '화려함'과 '지성미'처럼 몇 가지 상반된 이미지였다. 이렇게 제각각인 이미지를 어떻게 정리할지 다들 고민했지만, 정반대 요소가 공존한다는 것은 관점에 따라서는 아주 높은 차원에서 양극의 균형이 유지되는 상태라고 볼 수 있었다. 어느 한쪽의 특성이 너무 강하면 악단의 개성이 한쪽으로 치우치게 되는데, 지휘자의 말에 따르면 본래 오케스트라는 지휘자에 따라 여러 가지 색깔로 변신하는 것이 이상적이다. 즉 상반된 이미지를 함께 가졌다는 것은 표현의 폭이 상당히 넓다는 것을 의미하며, 이것이야말로 오케스트라의 이상적인 모습이었다.

  이 결과를 토대로 콘셉트를 정한 다음 로고마크 디자인 작업에 착수했다. 프레젠테이션에서는 안건을 네 가지로 압축해서 제시했는데, 평상시라면 반드시 내 의견을 덧붙여 설명하지만, 이때는 일부러 그렇게 하지 않았다. 최종 결정 역시 의뢰인 스스로 하는 것이 좋겠다고 생각했기 때문이다. 투표에 모든 단원이 참가했고 그 결과 다수결로 선택된 것이 붉은 선과 푸른 선이 다섯 개씩 교차되는 마크다. '상반된 요소가 만나면 새로운 것이 보인다'는 의미를 담은 것이다. 다른 색깔의 선이 교차되는 부분을 계속 응시하면 착시 현상 때문에 옅은 푸른색이 보이는데, 이러한 효과도 이 콘셉트를 절묘하게 나타내는 요소가 되었다. 이 마크는 나도 가장 좋다고 생각한 후보였기 때문에 이 안건으로 결정됐을 때는 교향악단에 대한 단원들의 생각을 하나로 집약하는 데 성공한 것 같아 감개무량했다.

  이처럼 악단 구성원이 끝까지 동기를 갖고 프로젝트를 자신의 일로 생각할 수 있었던 것은 구성원을 마지막까지 프로젝트에 적극적으로 참여시켰기 때문이라고 생각한다.

  이 프로젝트가 끝난 직후 교향악단은 해외공연을 떠났다. 그런데 출발 전에 악단 전원이 자발적으로 악기 케이스에 로고마크 스티커를 붙였다. 그 덕에 이동할 때마다 눈에 잘 띄었고, 그 광경을 봄으로써 단원들 사이에 일체감이 더욱 커졌다고 한다. 악단의 일을 자신의 일로 여기게 되면 자연히 로고에 대한 애착심이 생기고, 이것이 악단의 정체성을 형성하는 데 큰 역할을 하는 것이다.

업무를 자신의 일로 인식하게 하는 방법은 이외에도 여러 가지가 있다. 어느 정도 경력이 있는 사람에게는 일을 맡겨 책임감을 느끼게 하는 등 각자의 경험 정도에 따라 주체성을 끌어내는 방식을 달리해야 한다. 그리고 최종적으로는 책임감을 갖고 스스로 판단하게 한다. 당연한 말일 수도 있지만, 이런 식으로 잠재력을 끌어내면서 마지막까지 지켜보는 것이 업무 현장을 관리하는 사람에게는 상당히 중요한 일이다.

강한 팀 만들기
인재를 적재적소에 배치하는 능력

12

축구 경기에서 조직적이고 절묘한 패스로 골이 결정되듯이, 비즈니스에서도 팀플레이는 상당히 중요한 부분을 차지한다. 특히 업무가 빠르게 다양화되는 오늘날은 사내의 여러 부서에서 인원을 끌어 모아 팀을 구성하는 경우가 많다. 축구처럼 각자 잘하는 분야를 살리면서 동시에 서로 잘 연대해 하나의 목표를 향해 나아가면, 혼자 일하는 것보다 능률도 오르고 결과도 좋아진다. 선발 선수 결정, 포지션 설정, 선수 교체 타이밍 등 축구에서 감독의 지휘가 시합의 결과를 좌우하듯이, 프로젝트의 성패는 팀을 어떻게 편성하느냐에 달렸다고 할 수 있다.

　이때 가장 중요한 것은 인재를 '적재적소'에 배치하는 것이다. 이것은 결코 쉬운 일이 아니다. 누군가에게 일을 맡길 때는 프로젝트의 성격에 관계없이 '일 잘하는 사람'이나 '인정받는 사람'에게 의지하려는 경향이 있다. 그러나 아무리 능력 있는 사람이라도 적절하지 않은 자리에 있으면 그 힘을 충분히 발휘하지 못하고 오히려 무리수를 두기 쉽다. 반대로 평소에는 그다지 두드러지지 않지만, 특정한 분야에서는 누구에게도 지지 않을 강한 면을 가진 사람도 있다. 팀을 꾸릴 때는 구성원 각각의 잠재력을 찾아내서 그 자리에 맞는지 아닌지를 정확하게 판단할 수 있는 객관적이고 폭넓은 시야가 필요하다.

　이를 위해서는 프로젝트의 전반적인 목표를 명확히 파악해야 한다. 그리고 최고의 인재를 선발할 수 있는 능력이 중요하다. 이 능력을 연마하려면 훈련과 경험이 필요하다.

　나는 아트 디렉터로 근무했던 광고회사 시절에 카메라맨 선발 작업을 수도 없이 하면서 이 능력이 상당히 단련되었다고 생각한다. 촬영 대상은 같아도 카메라맨의 능력과 개성, 기술에 따라 결과가 완전히 달라지기 때문에 그때그때 아이디어에 맞게 가장 적절한 사람을 찾아내야 했다. 물론 뼈아픈 실패도 몇 번이나 경험했다. 우리가 생각하는 것과 카메라맨이 찍고자 하는 것이 일치하지 않거나, 몇 번을 시도해도 원하는 느낌의 사진이 나오지 않아 뒤늦게 사람을 잘못 뽑았다고 후회하기도 했다. 반대로 성공도 거두어 기대와 상상을 뛰어넘는 멋진 사진을 얻기도 했다. 지금은 크리에이티브 디렉터로서 카메라맨을 비롯해 모든 전문가를 지휘하고 프로젝트 전체를 총괄하고 있지만, 팀을 꾸릴 때는 여전히 적재적소를 염두에 둔다. 따라서 평소 크리에이터의 인터뷰 기사나 블로그 등을 읽고 그들의 목표나 철학을 가능한 한 파악해두려고 한다.

팀으로 일할 때는 컬래버레이션(협업)도 자주 한다. 예전에는 컬래버레이션을 특별한 작업으로 여겼지만, 최근에는 이 말이 지나치게 범람해서 아무 데나 사용되는 것 같다. 컬래버레이션은 명목일 뿐, 뚜껑을 열어보면 그저 일방적으로 일을 맡기거나 단순히 이름만 빌리는 등 '발주'나 '하청'과 혼동하는 경우도 많다. 안타까운 일이다. ==본래 컬래버레이션이란 공동 작업이므로 서로 대등한 관계가 기본이다.== 어느 한쪽에 의존하는 것이 아니라 긴밀하게 의사소통하고 서로의 재능을 존중하는 것이 매우 중요하며, 그렇게 해야만 기업이나 개인이 가진 능력의 범주를 초월한 상승효과가 발생하는 것이다.

컬래버레이션을 할 때도 물론 누구와 하는가가 중요하다. 무작정 유명한 사람이거나, 같이 일하는 사람이라 편하다는 안이한 이유로 결정해서는 강력한 상승효과를 기대할 수 없다. 이 일이 정말 그 사람에게 맞는지, 능률을 100퍼센트 이상 발휘할 수 있는지를 충분히 생각하는 것이 상대방을 존중하는 일이기도 하다.

컬래버레이션은 크리에이터와 브랜드 사이에만 성립하는 것이 아니다. 비즈니스 관계자와 크리에이터 사이에도, 비즈니스 관계자끼리도 서로 존중하는 마음이 있으면 얼마든지 가능하다. 내가 모르는 분야의 전문가와 대등하게 이야기하는 것이 어려울 수도 있지만, 내 전문 분야가 아니기 때문에 오히려 신선한 관점에서 프로젝트를 활발하게 진행할 수도 있다. 애당초 컬래버레이션이란 서로 다른 분야의 사람들이 만나 상대와 함께 일하는 것이므로 주눅 들 필요가 없다.

또한 컬래버레이션을 넓은 의미에서 '서로 대등하게 능력을 이끌어주는 것'이라고 보면, 회사 내의 일반 업무에서도 컬래버레이션이 가능하다. 어찌 보면 팀워크 개념의 원형인 셈이다. 수직적인 상하 관계뿐 아니라 수평적으로 밀접하게 연결된 연대 플레이를 장려하면 회사 전체가 활성화되는 결과를 낳을 수 있다. ==상하 관계에서도 상사는 부하 직원을 신뢰하며 능력을 최대한 끌어내려 애쓰고 부하 직원은 상사의 기대에 부응하려고 노력하는 관계가 형성된다면, 거의 컬래버레이션과 같은 상승효과를 얻을 수 있다.==

2006년에 시작한 유니클로의 글로벌 브랜드 전략은 이러한 컬래버레이션을 아주 역동적으로 활용해야 성공할 수 있는 것으로, 나의 종합적인 관리 능력을 시험받는 일이었다. 뉴욕을 시작으로 런던, 파리, 모스크바, 상하이 등 현재도 이 프로젝트는 계속 확대되고 있는데, 내가 맡은 첫 임무는 9개월이라는 짧은 기간 안에 유니클로의 세계화를 상징하는 글로벌 기반점을 맨해튼에 만드는 것이었다.

회사로서도 규모가 크고 아주 중요한 프로젝트였기 때문에 나는 즉시 각 전문 분야에서 가장 능력 있는 인재를 모아 팀을 꾸리기로 했다. 그리하여 매장 디자인은 인테리어 디자이너인 가타야마 마사미치, 웹 디자인은 나카무라 유고, 광고 비주얼은 뉴욕에서 활약하는 아트 디렉터 마커스 커스틴을 선택했다.

세 사람은 모두 자신의 분야에서 최고의 위치에 있었는데, 내가 그들을 선택한 것은 물론 이러한 이유 때문만은 아니었다. 유니클로의 본질을 이해하고 그 매력을 자기 분야에서 최대한 발휘할 수 있으며, 서로 자극을 주고받을 수 있고, 콘셉트나 아이디어를 공유해서 발전시킬 수 있다는 점, 즉 협력 정신에 기반을 두고 적재적소에 인재를 배치한다는 관점에서 그들을 선택한 것이다.

가타야마 씨를 뽑은 것은 수많은 인기 브랜드를 비롯해 그가 작업한 작품이 완성도가 높고 일본의 대중문화를 느낄 수 있는 디자인에 이미지가 깨끗하다는 점 때문이었다. 이런 점이 유니클로의 글로벌화 과정에서 일본의 새로운 미의식 창출에 안성맞춤이라고 생각했다. 나카무라 씨는 세계적인 웹디자이너로 컴퓨터를 이용해 원초적인 감각에 호소할 줄 아는 특별한 재능을 갖고 있는데, 새로운 유니클로의 개성을 테크놀로지를 이용해 표현하는 데 적합한 인재였다. 광고의 격전지인 뉴욕에서 패션 업계를 중심으로 수완을 발휘하는

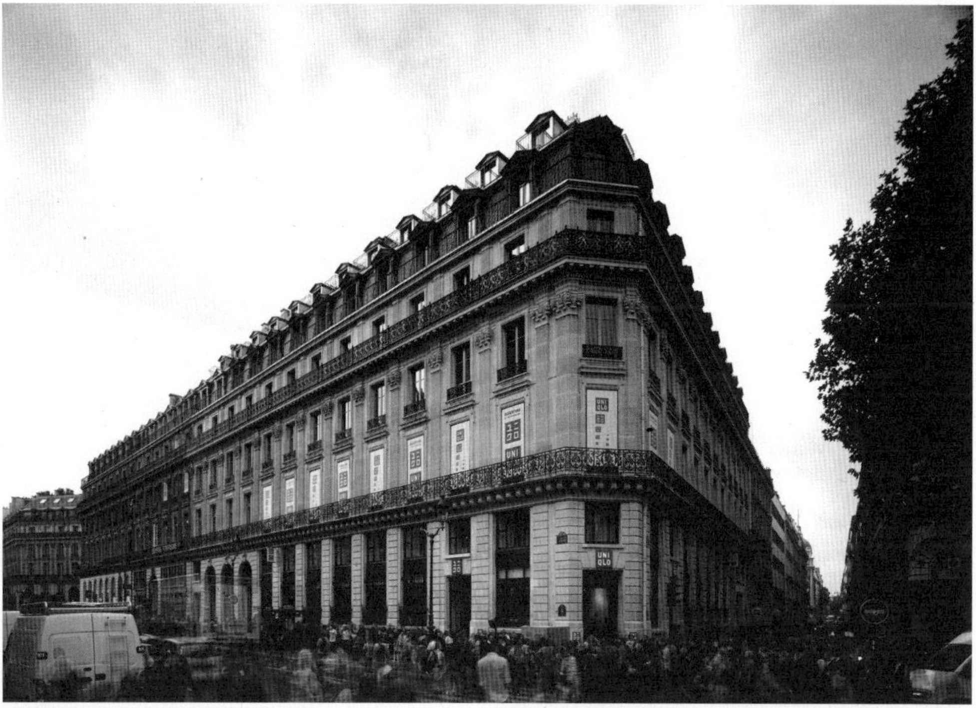
UNI
QLO

UNI
QLO
FROM TOKYO
TO PARIS 17 RUE SCRIBE
75009 PARIS UNIQLO.COM
OUVERTURE LE 1ER OCTOBRE
FROM TOKYO TO PARIS 17 RUE SCRIBE
75009 PARIS UNIQLO.COM FROM TOKYO TO
PARIS 17 RUE SCRIBE 75009 PARIS UNIQLO.COM FROM

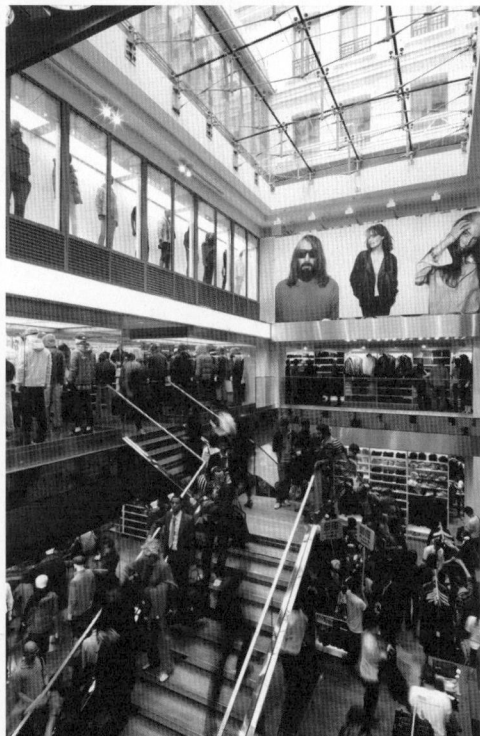

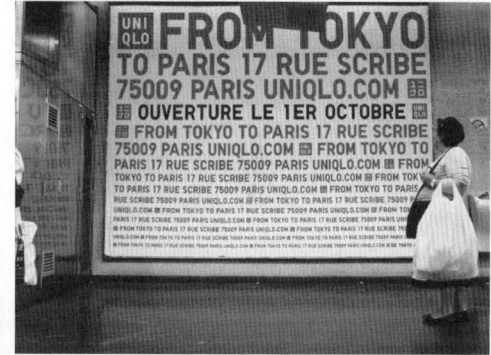

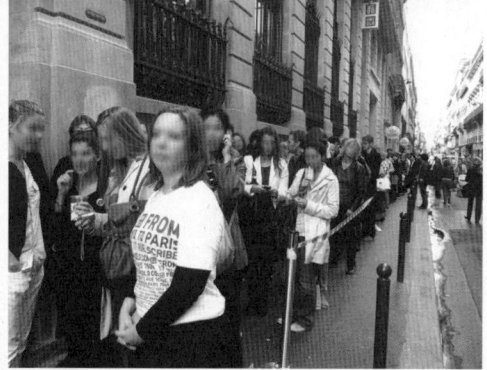

마커스 씨는 일류 스타일리스트나 카메라맨을 많이 알고 있으며, 감각적이고 섬세한 디자인 철학을 갖고 있어 유니클로뿐 아니라 나와도 잘 통했다.

그리고 나는 크리에이티브 디렉터로서 새로운 로고나 유니클로의 오리지널 폰트 등 정체성의 핵심인 비주얼 디자인을 담당하고, 브랜드의 콘셉트를 정하는 일에서 매체 전략까지 크리에이터들의 모든 활동을 총괄하는 리더가 되었다.

리더는 팀플레이의 주축이다. 말하자면 선장 같은 역할이다. 목적지를 향해 마지막까지 선원들을 잘 이끌고 가야 하는 것이다. 팀을 이끌기 위해서는 가장 먼저 프로젝트의 비전을 제시해야 한다. 즉 콘셉트를 정해야 한다. 목적지를 팀 전원이 공유하면 헤매지 않고 전력으로 배를 저어 앞으로 나갈 수 있다. 목표가 무엇인지 알지 못한 채 지시만 따르는 것은 괴로운 일이다. 목적지도 모르고 그저 '오른쪽!' '왼쪽!' 하는 명령만 들으면 확신이 생기지 않아 머뭇거리게 되고 능률도 오르지 않는다. 반면에 목적지를 확실히 알고 있으면 힘을 조절할 수 있으므로 한층 정확하고 효율적으로 작업할 수 있다.

==콘셉트를 정할 때 프로젝트의 목적을 간단히 정리한 키워드를 제시하면 의사소통이 훨씬 수월해진다.== 유니클로 프로젝트의 경우는 '미의식을 갖춘 초합리성'을 디자인 키워드로 정했다. 고품질·저가격 정책을 따르는 철저하게 합리적인 상품 생산 방식과 '옷

은 옷차림의 부품'이라는 독특하고 개념미술적인 사고방식을 브랜드의 본질로 잡아 간단히 정리한 것이다. 그리고 인테리어 디자인, 웹 사이트, 광고 홍보 등 모든 일에 이 콘셉트를 관철하기로 했다. 이처럼 달려가고자 하는 '방향'을 먼저 확실히 보여주면, 일을 해나가는 중에 궤도 수정을 크게 하지 않아도 되고 더 세심하게 공을 들일 수 있으므로 완성도가 높아진다.

    프로젝트를 시작한 후에는 콘셉트가 흔들리지 않게 중심 잡는 일이 가장 중요하다. 아무리 우수한 인재가 모여 있어도 일이 실제로 진행되면 어딘가에서 콘셉트가 미묘하게 어긋나기도 한다. 항상 완벽하게 조율하고 어디서나 콘셉트가 명확하도록 빈틈없이 살펴야 하며, 도중에 팀원이 방향을 잃었다고 느끼면 반드시 본질로 되돌아가서 짚어본다. 원래는 어떠했는지 출발점의 콘셉트를 재확인하거나 무엇 때문에 이 작업을 하고 있는지 프로젝트의 목적을 다시 생각해보는 것이다. ==팀원들의 의식 밑바닥에 명확하지 않은 부분이 있으면 문제를 수정해봤자 또다시 어긋날 위험이 있다.==

    앞뒤 설명 없이 눈앞의 문제만 개선하라는 지시를 받은 경우와 원래의 목적 등 좀 더 자세한 설명을 곁들인 경우, 그 결과는 확연히 차이가 난다. 광고회사에 다닐 때 내가 직접 경험한 일이다. 잘못된 문제만 지적받았을 때는 무슨 말인지 정확히 이해되지 않던 것이, 광고의 바람직한 모습이나 크리에이티브 철학처럼 근본적인 설명을 듣고 나면 자연스럽게 납득이 갔다.

　규모가 작은 기업 내의 연대 작업에서 기업 외적인 대형 프로젝트에 이르기까지 팀플레이가 필요한 경우는 아주 많다. 팀플레이에서 중요한 것은 서로 존중하는 협력 정신을 바탕으로 인재를 적재적소에 배치하는 일이다. 그리고 팀원을 통솔하는 리더는 믿음직한 선장과 같은 존재여야 한다. 프로젝트를 시작하면 먼저 콘셉트를 명확하게 설정해서 마지막까지 그것이 흔들리지 않도록 빈틈없이 지휘해 나가야 한다. 그렇게 하면 팀원도 헤매지 않고 의욕적으로 목표를 향해 나아갈 수 있다.

스토리를 엮을 수 있는가
콘텐츠에서 콘텍스트를 만든다

13

최근 몇 년 동안 나는 크리에이티브 디렉터로서 상표 마케팅에 관여하는 일이 많아졌다. 이 일을 하면서 특히 실감한 것은 '콘텐츠에서 콘텍스트를 만드는 일'이 중요하다는 점이다. 콘텐츠는 각각의 내용, 콘텍스트는 이것들이 연결된 문맥이라 할 수 있다. 예전에는 이 일을 무의식적으로 한 것 같은데, 글로벌 프로젝트나 외국의 크리에이터와 작업하는 일이 많아지면서 내면에서 의식화되어 그 중요성을 확신하게 되었다.

일본에서는 기업이 좋은 상품을 만들어도 단발성으로 그치는 일이 많다. 하지만 유럽이나 미국에서는 브랜드 스토리나 콘텍스트 같은 개념을 중요시한다. 많은 외국 브랜드가 소비자에게 확실한 브랜드 이미지를 심어주는 것은 이러한 차이 때문이기도 할 것이다. 일본 브랜드는 대부분 '콘텐츠는 있지만 콘텍스트가 없다'. 여기서 말하는 콘텍스트나 스토리란 이야기라기보다, 브랜드의 배경이나 콘셉트 같은 큰 축을 따라 각각의 요소가 연결되어 문맥을 형성하는 상태를 의미한다. ==새로운 콘텐츠를 덧붙일 때도 브랜드의 '근원'이나 '다른 콘텐츠와 어떻게 연결될 것인가'를 우선 생각해야 한다.== 뿔뿔이 흩어진 것이 하나로 연결되면 각각의 전후 관계도 보인다. 따라서 스토리를 엮을 수 있으면 브랜드 전체의 윤곽이 선명하게 드러나 소비자에게 쉽게 전달된다.

스토리나 콘텍스트가 중요해진 데에는 정보가 비대해지고 기업의 활동이 복잡해진 것과도 크게 관련이 있다. 전기회사가 카메라를 만들어 팔거나 컴퓨터 회사가 음악 산업에 진출하는 등 기업의 활동 범위가 본래의 분야에서 확장되면, 이들을 전부 포괄하는 합리적인 스토리가 있어야 한다. 그렇지 않으면 소비자가 봤을 때 무슨 의도로 활동하는 것인지 이해하기 어렵다. 이해가 안 되면 신뢰하기도 힘들어지므로 결국 그 기업이나 상품을 선택할 이유도 찾지 못하게 된다.

이러한 시대 배경도 한몫해서 콘텐츠에서 콘텍스트를 만드는 것, 즉 스토리를 그려 나가는 것이 상표 마케팅의 핵심으로 여겨지게 되

콘텐츠와 콘텍스트

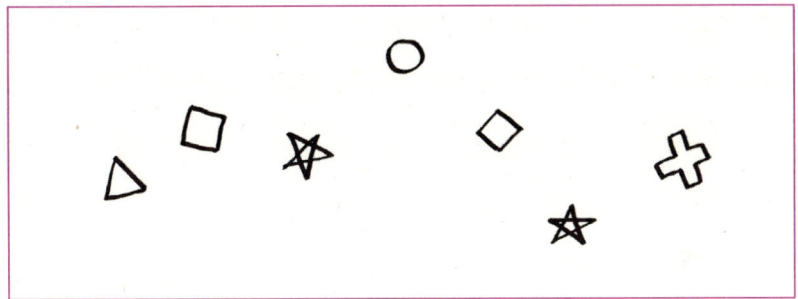

콘텐츠가 따로따로 존재한다.

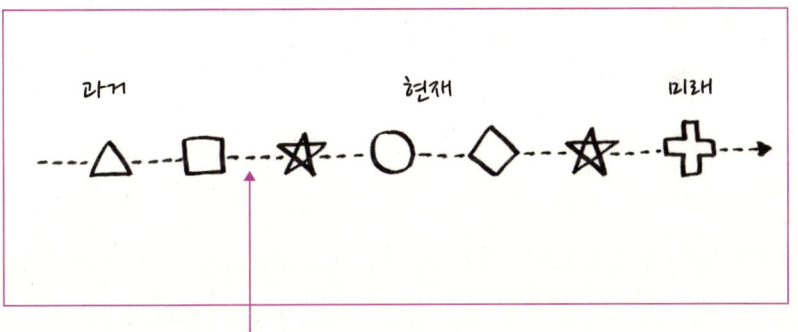

이 관계(연결)가 기억의 콘텍스트(문맥)가 된다.

었다. 현재뿐 아니라 과거의 요소도 정리하고 연결하면서 미래의 방향성을 만들어 나가면 브랜드의 비전은 자연스럽게 구축된다. 예전의 상표 마케팅 방식은 입체적인 이미지를 만드는 것이었으나, 스토리를 의식하게 된 뒤로는 여기에 시간이라는 축이 더해졌다. 상표 마케팅에 대한 인식이 3차원에서 4차원으로 바뀐 것이다. 그 결과 과거보다 더 쉽게 브랜드 비전을 구축할 수 있게 되었다.

스토리를 적극적으로 엮은 상표 마케팅의 예로는 글로브라이드의 CI 프로젝트가 있다. '글로브라이드 주식회사'라는 이름은 2009년 가을에 '다이와 정공 주식회사'에서 변경된 것인데, 처음에 이 일은 프로젝트에 포함되지 않았다. 내가 의뢰받은 것은 단순히 '창업 50주년을 맞이하여 다음 50년을 위한 새로운 비전을 제시' 하는 것이었다.

다이와 정공은 세계 최고의 점유율을 자랑하는 낚시용품 브랜드 '다이와' 외에도 골프와 테니스, 자전거 등의 스포츠 브랜드를 보유한 기업이다. 고지마 다다오 사장을 만나보니 앞으로 더 많은 분야에 도전해보고 싶다는 적극적인 생각을 갖고 있었다. 그런데 '다이와 정공'이라는 회사 이름은 낚시 브랜드인 '다이와'만을 연상시켜 종합 스포츠 브랜드로서의 이미지 구축에 방해가 되었다. 앞으로 더 큰 종합 스포츠 기업이 되기 위해서는 한 가지 콘텐츠만 두드러지는 회사 이름은 맞지 않으므로 바꿀 필요가 있었다. 그리하여 상표 마케팅에 더해 회사 이름을 변경하는 작업까지 프로젝트에 포함할 것을 제안했다.

먼저 스토리의 핵심 부분을 생각해보았다. 그것은 '기업 슬로건', '기업 도메인', '기업 약속'이었다. 이것을 정하기 위해 우선 2년 동안 대규모 사내 조사를 실시했다.

기업 슬로건은 회사의 이념과 목적을 집약한 말로, 자신들의 비전을 사회에 명확히 표현하기 위한 것이다. 다이와 정공의 각 브랜드 상품을 콘텐츠로서 살펴보면, 최신 기술로 제작해 아주 정밀하고 품질도 뛰어나다. 그러나 기술적으로 우위에 있다는 점을 직접 내세우면 대중적이지 않고 폐쇄적인 느낌이 들어 브랜드로서 폭넓게 어필하기 힘들다. 이보다는 스포츠의 기쁨을 그대로 전달하는 것이 좋을 것 같아 각 브랜드 대표들의 이야기를 들어보았다. 그러자 공통된 키워드가 윤곽을 드러냈다. 예를 들어 '물고기가 떡밥을 물었을 때 느껴지는 낚싯대의 팽팽한 긴장감'이라든가, '골프에서 나이스 샷을 날린 순간의 느낌'처럼 '느낀다(feel)'는 말이 계속 언급된 것이다. 또한 다이와 정공의 스포츠 브랜드는 대부분 아웃도어 제품이므로 환경의 특성을 한마디로 표현하면 '지구(earth)'라고 할 수 있다. 이렇게 사고를 발전시켜 나간 결과 'Feel the Earth', 즉 '지구를 5감으로 즐기자'는 의미의 슬로건이 탄생했다.

그다음으로 작업한 것은 사업의 활동 범위나 영역을 나타내는 기업 도메인이었다. 스포츠 업체도 여러 형태가 있으므로 어떤 특징이 있는 회사인지를 다시 규정해서 기업의 정체성을 확실히 나타내는 것이 좋겠다고 생각했다. 이때도 마찬가지로 각 브랜드 대표에게 회사의 이미지나 다른 기업과의 차이를 물어보았다. 그러자 '스포츠 선수를 지원하기보다 남녀노소 관계없이 스포츠를 즐기는 일반인이 대상이다', '경쟁보다는 취미를 중시한다', '일반인이 대상이지만 더 높은 수준까지 추구할 수 있는 상품을 만든다'는 대답이 돌아왔다. 이러한 생각을 모아서 요약한 것이 'A Lifetime Sports Company'라는 말이다. 즉 '남녀노소 누구나 평생 동안 즐길 수 있는 스포츠, 인생을 풍요롭게 하는 스포츠가 되도록 지원한다'는 의미가 담겨 있다.

이렇게 정해진 기업의 슬로건과 도메인을 바탕으로 행동 규범이 되는 기업 약속을 설정했다. 회사의 신조를 다섯 가지 약속으로 내건 것이다. 그 다섯 가지는 고객에게 감동을 전하는 'Make It Wow!', 자유로운 발상을 소중히 하는 'Open Our Minds', 혁신적인 아이디어를 최고의 기술로 형상화하는 'Be Innovative', 지구를 항상 염두에 두고 행동하는 'Be Earth-Friendly', 공정하게 기업 활동을 하는 'Play Fair'다. 이러한 사고방식은 원래 회사에 있었던 것으로, 이야기 중에 그 윤곽이 드러난 것이다. 이것을 다섯 항목으로 정리해 긍정적이고 명확한 말로 표현했을 뿐이다.

스토리의 핵심이 확고해지면 나아가야 할 방향이 저절로 보인다. 이러한 일련의 작업이 끝난 뒤 새로운 회사 이름으로 '글로브라이드(Globeride)'를 제안했다. '지구'를 나타내는 GLOBE와 '타다, 달리다'

GLOBERIDE

는 의미의 'RIDE'를 합성해 만든 말로, '지구를 무대로 스포츠의 새로운 즐거움을 창조하고, 자연과 서로 주고받는 기쁨을 온 세상에 전하고 싶다'는 의미를 담았다. 'Feel The Earth', 'A Lifetime Sports Company'와 같은 키워드와도 아주 자연스럽게 연결되어 앞으로 회사가 나갈 비전을 명확히 제시해준다.

뿔뿔이 흩어진 콘텐츠를 연결해 콘텍스트를 만들고 미래로 이어지는 스토리를 완성하자, 이 스토리를 따라 몇 가지 새로운 프로젝트도 움직이기 시작했다. 낚시 한 가지에만 집중했던 다이와는 2010년 2월 국제 낚시 쇼에서 몇 가지 혁신적인 상품과 함께 인기 패션 브랜드 'A BATHING APE'의 프로듀서인 니고(NIGO)와 합작한 스페셜 프로젝트 'A FISHING APE'를 발표했다. 여러 가지 혁신 기술로 새로워진 낚싯대나 릴, 낚시복으로는 물론 일상복으로도 손색이 없는 기성복 등 낚시를 패션으로 진화시켜 새로운 라이프스타일을 제안했다. 지금까지 없었던 시도였다. 또 다른 프로젝트에서는 아무래도 전문가 위주가 되기 쉬운 낚시의 저변을 확대하기 위해 'DVI'라는 초심자용 기어를 개발했다. 상당히 많은 어종에 대응할 수 있는 태클(낚싯대, 릴, 소품 등 낚시도구의 총칭)이 휴대용 가방에 갖추어진 올인원 콘셉트 상품이다. 어린이용 장비와는 완전히 구별되며, 디자인도 아주 뛰어난 혁신적인 시도다. 그야말로 낚시의 새로운 스타일을 제안했다고 할 수 있다.

==기업이 나아갈 방향이 확실히 정해지면 새롭게 도전할 정책도 계속 생기며, 동기 부여가 되어 사원들의 의욕도 높아진다.== 아무리 좋은 콘텐츠라도 흩어져 있으면 외부에서 보이는 부분뿐 아니라 내부의 움직임도 조화를 이루기 어렵다. 브랜드의 윤곽이 잘 잡히지 않는다고 생각되면, 각 콘텐츠를 정리해서 다시 살펴보는 것이 좋다. 그리고 콘텐츠끼리 자연스러운 인과관계가 되도록 서로 연결해서 하나의 스토리로 재편성해 나간다. 이렇게 콘텐츠에서 콘텍스트를 만들게 되면 기업의 전체 모습이 자연스럽게 드러나 비전이 눈에 보이게 될 것이다.

디자인은 부가가치인가
비전을 형상화하다

14

최근 들어 비즈니스 현장에서 '디자인이 중요하다'는 말을 상당히 많이 듣는다. 그러나 아직까지는 디자인의 본질을 제대로 이해하지 못하고 그저 '표면을 아름답게 꾸민다'는 인식이 뿌리 깊게 남아 있다. 예전에는 물론 이렇게 좁은 의미로 해석했지만, 오늘날 같은 정보화 사회에서 '기능은 본질적인 가치'이고 '디자인은 부가가치'라고 나누어 생각하는 것은 커뮤니케이션의 효율 면에서 볼 때도 상당히 비효율적이다. 이제 디자인을 좀 더 넓은 의미로 파악해서 그 힘을 전략적으로 활용할 필요가 있다.

창의적으로
실행하기

디자인이란, 문제를 해결하기 위해 사고나 정보를 정리해서 콘셉트나 비전을 이끌어낸 다음 가장 적절한 형태로 그 가치를 전달하는 행위다. 디자인을 표층적인 모습이나 단순히 아름다움을 만드는 일이라고 생각하는 경향이 있지만, 나는 디자인을 '해법'으로 인식해야 한다고 생각한다. 순간적으로 떠오른 아이디어나 즉흥적인 발상만으로 만든 것은 얼핏 보면 멋있게 느껴질지 몰라도 사람들의 마음속에 오래 남지 않는다. 이런 경우는 진정한 의미의 디자인이라고 할 수 없다. 예전에 칼럼니스트인 아마노 유키치 씨가 한 대담에서 이런 말을 한 적이 있다.

"겉모습과 내면을 나누어서 생각하는 사람이 있지만, 겉모습은 가장 바깥쪽에 있는 내면입니다."

나는 이것이 디자인의 본질을 꿰뚫는 말이라고 생각한다. 즉 디자인이란 내면의 사고방식을 겉으로 표현한 것이다.

디자인이 가진 본래의 힘이 훌륭하게 발휘된 예로는 아이패드나 아이폰 등 애플의 상품을 들 수 있다. 명쾌한 콘셉트, 아름다운 상품 디자인, 기능성과 조작성이 탁월한 인터페이스, 아이튠스나 앱스토어 등의 서비스, 패키지 디자인에서 광고 홍보, 브랜드 이미지를 현실로 그대로 옮겨온 애플스토어까지 모든 면에서 뛰어난 디자인으로 일관된 기업 철학이 표현되고 있다. 어느 한 부분만이 아니라 브랜드 이미지를 포함한 모든 부분에서 본질적인 가치를 훌륭하게 표현하고 있는 것이다. 수많은 종류의 MP3플레이어나 스마트폰 가운데 애플 제품이 이러한 상품의 대명사가 되어 세계적으로 인기를 끈 것은 소비자의 날카로운 감각이 무의식중에 그것을 감지했기 때문일 것이다.

일본에도 기술적으로 뛰어난 상품을 만드는 회사는 많다. 그러나 상품이 좋아도 그것이 가진 매력을 충분히 전달하지 못한다. ==기업은 '써보면 우리 제품이 얼마나 좋은지 알 수 있으니까 괜찮다'고 말하지만, 정말로 써보기 전에는 그 제품이 얼마나 좋은지 소비자는 알 수 없다.== 매일 신상품이 쏟아져 나오는 요즘에는 일단 눈에 띄는 것 자체가 어려운 일이다. 게다가 기술 발전으로 겉모습만으로는 내부의 기능이나 차이를 파악하기 힘들다. 하지만 상품은 말이 없기 때문에 겉만 보고도 그 가치를 알 수 있게 해야 한다. ==내용이 아무리 뛰어나도 그것이 전달되지 않으면 상품 가치는 없는 것과 마찬가지다.== 내가 디자인의 힘을 경영 전략이나 상품 전략에 적극적으로 이용해야 한다고 생각하는 것은 이 때문이다.

2006년에 진행했던 도쿄 도 다치카와 시의 후지 유치원 리뉴얼은 디자인의 힘을 최대한 활용한 프로젝트였다. 가토 세키이치 원장은 '아이들에게 마음껏 활개를 펼 수 있는 환경을 제공하고, 지역 주민과 소통하여 새로운 유아 교육의 가능성을 제시하고 싶다'는 교육 이념을 갖고 있었다. 그러나 저출산 현상이 심화되면서 다치카와 시는 유치원의 격전지가 되었고, 후지 유치원도 지은 지 30년이 지난 노후한 건물로 인해 미래에 대한 위기의식을 갖고 있었다. 가토 원장의 교육 이념을 실현하고 유치원을 위기에서 구하기 위해서는 낡은 건물을 새로운 교육 터전으로 재건할 필요가 있었다.

유치원을 방문해보니 확실히 건물 자체는 낡았지만, 정원에 사방으로 큰 나무가 숲처럼 우거져 있어 무척이나 기분 좋은 공기가 흐르고 있었다. 바꾸는 것이 아깝다고 생각될 정도로 환경이 좋았기 때문에 이 기분 좋은 공기를 훼손하지 않고 리뉴얼하기로 했다.

이후 여러 차례 방문해 아이들이 지내는 모습을 살펴보기도 하고, 가토 원장의 꿈과 교육 이념을 듣기도 했다. 그러면서 새롭게 깨달은 것은 아이는 '놀이'를 통해 모든 것을 배운다는 사실이었다. 이렇게 풍요로운 자연 환경 속에서 놀고 배우는 가운데 구김살 없는 감성을 키워 나갈 수 있다는 것이 후지 유치원이 가진 최대 장점이라는 생각이 들었다. 바로 여기서 '유치원 자체가 거대한 장난감'이라는 콘셉트를 이끌어낼 수 있었다. 유치원 건물 자체가 최고의 놀이도구이며, 아이들이 이곳에서 모든 것을 배워 나갈 수 있도록 만들자는 의미였다. 예를 들어 덩치 큰 나무가 그대로 교실 속을 통과하도록 설계해 실내에서 이 나무를 타고 올라갈 수도 있고, 지붕 위로 올라가 뛰어다니거나 거기에서 미끄럼틀을 타고 아래층으로 내려올 수도 있게 하는 식이다. 말하자면 엄청나게 큰 나무집이나 체육관 같은 이미지다.

가토 원장도 이 콘셉트를 아주 마음에 들어 했다. 나는 즉시 건물 설계를 건축가 데즈카 다카하루와 유히 부부에게 의뢰했다. 데즈카 부부가 제안한 것은 도넛 모양의 독특한 건물이었다. 전체가 둥글게 연결되어 어느 한 부분도 소외되는 곳이 없고, 덕분에 옥상에서는 끝없이 술래잡기를 할 수 있다. 건물을 통과하는 큰 느티나무도 아이들의 놀이터이며, 옥상에서 건물 중앙의 정원 쪽으로는 아주 긴 미끄럼틀이 설치되었다. 이외에도 여러 가지 즐거운 아이디어가 넘쳐나 '유치원 자체가 거대한 장난감'이라는 콘셉트를 훌륭하게 형상화한 멋진 건축물이 완성되었다. 또한 사회와 좀 더 적극적으로 소통하기 위해 색종이를 오려 만든 듯한 로고와 어린이 캐릭터를 개발해 유치원 티셔츠나 가방, 유치원 버스, 웹 사이트 등 유치원에서 사용하는 모든 곳에 활용했다.

반응은 상상 이상으로 폭발적이었다. 입학 희망자가 급증했고, 그중에는 후지 유치원에 다니기 위해 일부러 이 지역으로 이사를 온 가족도 있었다. 후지 유치원에서 근무하기를 원하는 교사도 늘어나, 유치원이라면 다들 갖고 있는 질 높은 교원 확보 문제도 해결되었다. 그뿐 아니라 언론이나 매체에도 소개되어 전 세계에서 견학 오는 사람도 많아졌다.

지금 생각해보면 후지 유치원의 가치를 더욱 높일 수 있었던 것은 이 프로젝트를 단순히 유치원 재건축으로 인식한 것이 아니라, 후지

유치원이 생각하는 새로운 비전을 디자인한다고 인식했기 때문이다.

정보가 넘쳐나는 현대 사회에서 디자인은 우리의 생각을 다른 사람에게 전달할 때 아주 큰 무기가 된다. 부디 디자인의 본질이 무엇인지 깊이 인식해서 그 힘을 최대한으로 활용하기 바란다.

창의적으로 구현하기

3장

일하는 방식을 디자인하라
환경에서 조직까지

15

'책상 주변이 깔끔하면 일의 능률도 올라간다'는 말이 있다. 나는 정리를 할 때 '공간 → 정보 → 사고'의 순서로 진행하는데, 책상 주변을 정리하는 일은 가장 쉬운 단계인 '공간 정리'에 속할 뿐만 아니라 정리 효과도 뛰어나다.

이처럼 책상 주변을 정리하는 것만으로도 일의 능률은 오르지만, 사무실 공간 전체가 개선되면 그전과는 비교할 수 없을 정도로 일하기가 편해진다. 최근 들어 '오피스 디자인'이 경영 전략의 하나로 주목받는 것도 이러한 이유 때문이다.

2007년에 라쿠텐 그룹은 도쿄 시나가와 구에 신사옥 '라쿠텐 타워'를 건축하면서 상표 마케팅 프로젝트의 전체 지휘를 내게 부탁했다. 미키타니 히로시 사장이 생각하는 라쿠텐의 오피스 전략 콘셉트는 '직원들이 생활공간처럼 쾌적하게 지낼 수 있는 오피스'였다. 직원들이 하루 중 가장 많은 시간을 보내는 장소이므로 환경이 쾌적하면 일하고자 하는 의욕과 효율이 높아질 것이며, 회사에 애착을 가지면 자신의 집처럼 스스로 알아서 청소나 정리정돈을 하게 되므로 다 같이 쾌적한 공간을 공유할 수 있을 것이라는 말이었다. 나는 오피스에 대한 이러한 비전을 디자인에 빠짐없이 반영했다.

우선 타워의 널찍한 입구에 거대한 모니터를 설치해 라쿠텐이 가진 여러 가지 인터넷 콘텐츠를 보여준다. 대외적으로 라쿠텐 브랜드를 어필할 뿐만 아니라, 박력 있는 큰 화면으로 정보를 신속하게 내보내는 모습은 IT 기업의 활기를 직접 표현한 것이기도 하다. 그리고 3층에는 1층과 마찬가지로 안내 데스크가 있는데, 홀 중앙에 라쿠텐의 상징 색인 짙은 다홍색 소파를 배치해 인상적인 공간을 연출했다.

직원들의 오피스에는 책상이 있는 집무실 외에 도서관, 세미나실, 레스토랑, 피트니스센터 등 여러 가지 시설을 두었다. 레스토랑인 라쿠텐 식당에서는 직원들에게 아침식사를 무료로 제공한다. 이러한 시설과 서비스로 직원들의 사기가 상당히 높아졌다고 한다. '생활공간처럼 쾌적하게 지낼 수 있는 오피스'라는 콘셉트를 알기 쉽게 표현

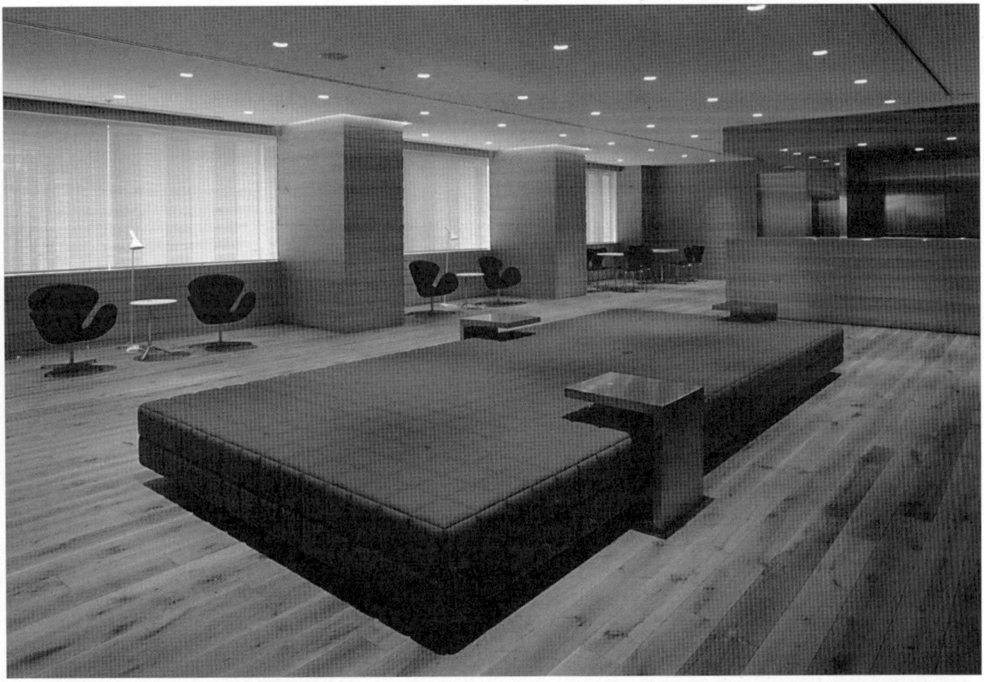

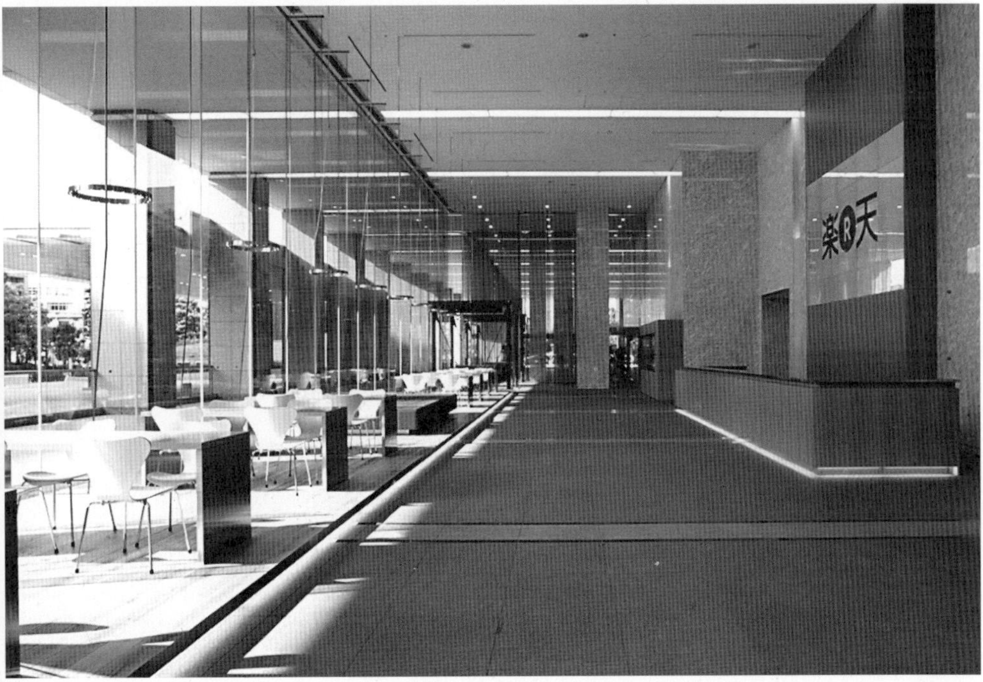
楽天

한 좋은 예라고 생각한다.

또한 나무를 여러 장소에 활용해 따스함이 느껴지는 공간으로 연출했다. 이 부분은 특히 좋은 평가를 받았는데, 그전과 비교해서 아주 편안하고 일도 잘된다고 다들 기뻐했다.

이처럼 라쿠텐의 오피스 디자인 프로젝트에서는 생활공간과 같은 쾌적함을 중시한 것은 물론, 일할 때의 기능성도 소홀히 하지 않았다. 또한 독립된 회의실은 최소한으로 만들어줄 것을 요구했기 때문에, 그 대신 자그마한 회의 공간을 군데군데 배치해서 일이 있으면 바로 모여 이야기를 나눌 수 있게 했다. 이렇게 하여 매우 순발력 있는 동선이 만들어졌다. 속도가 생명이라고 할 수 있는 IT 기업에서는 효과적이고 기능 면에서도 뛰어난 공간이다. 오피스 디자인을 생각할 때 이러한 '긴장감과 편안함의 균형'은 아주 중요한 점이다. 이 균형이 적절하게 유지되는 곳이 바로 창의적인 발상을 가능하게 하는 쾌적한 오피스라고 할 수 있다. 라쿠텐 타워는 디자인과 새로운 오피스가 나아가야 할 방향을 제시했다는 점에서 높은 평가를 받아 2008년에 굿 디자인상을 받았다.

라쿠텐처럼 큰 비용을 들이지 않더라도 오피스 공간은 충분히 개선할 수 있다. 예를 들어 사무용 가구만 고집하지 말고 일반 인테리어 가구나 주문 제작한 가구를 설치해보라. 보기도 좋고 쓰기도 훨씬 편리해진다. 중요한 것은 어떤 환경을 조성해야 직원들의 의욕이 넘치고 일하기 편한 직장이 될 수 있는가 하는 것이다.

오피스 환경을 전체적으로 생각하는 것이 어렵다면, 자신의 부서 내에서 동료나 부하 직원이 더욱 편하게 일할 수 있는 환경은 어떤 것인지 생각해보라. 책상 배치만 바꾸어도 분위기나 기분이 확 달라진다. 조금만 생각해보면 쾌적한 공간을 만들기 위한 아이디어도 좀 더 쉽게 얻을 수 있을 것이다. 회사 내에 오피스 디자인 디렉터를 두고 환경 개선 업무를 맡기는 것도 한 가지 방법이다. 사무실을 옮기거나 새로 지을 때뿐 아니라, 현재의 공간 상태를 계속 개선해 나가는 관리 시스템이 있다면 더욱 이상적이다.

오피스 전략이란 단순히 사무실이나 건물의 외관만을 아름답게 꾸미는 것이 아니다. ==일하는 환경을 디자인해서 직원들의 의식이나 업무 방식을 바꾸어 나가는 것이 진정한 목적이다.== 나는 독립 후 현재까지 사무실을 세 차례 바꾸었는데, 환경을 바꾸는 것만으로도 일하는 방식이나 크리에이터로서의 사고방식에 영향을 준다는 것을 실감했다.

독립하고 첫 번째로 얻은 사무실은 나를 포함해서 직원이 세 명뿐이었기 때문에 회의를 하거나 디자인하는 자리를 따로 구분하지 않고 하나의 공간을 함께 썼다. 이때는 맡은 프로젝트도 많지 않았고 인원도 적어서 단순한 공간이 편했고 특별히 문제도 없었다.

몇 년이 지나자 직원도 늘어나고 여러 개의 프로젝트를 동시에 진행하게 되었다. 비밀 사항도 많아졌다. 자연히 회의 공간과 디자인 공간이 분리되어야 했기 때문에 새로운 사무실이 필요해졌다. 두 번째 사무실은 2개 층을 빌려 아래층은 자료를 보관하거나 회의실로 썼고, 위층은 디자인과 관리를 위한 공간으로 썼다. 위층 바닥에는 아무것도 두지 않고 공간을 넓게 만들어 거대한 책상처럼 사용했다. 광고 홍보용으로 디자인한 대형 포스터를 바닥에 여러 장 늘어놓고 서로 비교할 수 있도록 설계한 것이다.

그러다가 의뢰받는 일의 성격이 바뀌면서 지금의 사무실로 이사하게 되었다. 광고 홍보 일에서 기업의 상표 마케팅과 상품 개발 일이 중심이 된 것이다. 광고 홍보용 대형 포스터보다 휴대전화나 화장품 등의 상품, 기업의 로고를 비롯해 명함, 봉투 같은 문구 디자인 일이 늘어났다. 넓은 공간에서 바닥을 내려다보는 것이 아니라, 손안에서 1밀리미터도 안 되는 차이를 비교하는 섬세한 작업으로 바뀐 것이다. 또한 디자인 공간에 속하던 관리 공간도 업무가 다양해지면서 기능에 따라 나누는 편이 낫다고 생각하게 되었다.

이러한 필요성을 반영해 기능별로 공간을 완전히 분리한 것이 현재의 사무실이다. 넓은 한 층을 세 구역으로 나눠 회의실, 디자인실과 자료 보관실, 나와 관리자의 공간으로 사용한다. 나와 관리자의 자리는 유리 칸막이로 구분되기 때문에 거리감이 적당히 있으면서도 스케줄 확인 같은 간단한 용무는 그 자리에서 바로 해결할

대형 포스터를 내려다보기 위해
넓은 바닥을 거대한 책상으로 사용했던
두 번째 사무실

세 번째 사무실의 회의실.
단순한 구조에 10미터 길이의 책상이
강렬한 인상을 준다.

수 있다.

이처럼 내 경우는 일의 성격이나 직원 수의 변화에 맞춰 사무실을 옮겼는데, 그때마다 분위기가 더 좋아지고 일의 효율도 눈에 띄게 높아졌다. 이러한 경험을 통해 나는 오피스 디자인이 창의적 사고를 꽃피우는 중요한 장치라고 생각하게 되었다. 이미 만들어진 공간이라도 그것이 완성형은 아니다. ==상황에 따라 융통성 있게 환경을 바꿔주면 기분도 새로워져 더욱 적극적으로 일에 매진할 수 있을 것이다.==

최근에는 일하는 방식을 디자인한다는 의미에서 환경뿐 아니라 '조직 디자인'이 매우 중요하다는 생각을 절실히 하게 되었다. 상표 마케팅을 할 때는 먼저 목표로 하는 이미지를 설정한 다음 그 목표를 향해 나아가는데, 이 과정에서 일을 진행하는 방식에 안타까움을 느끼는 경우가 자주 있었기 때문이다.

예를 들어 상품 기획과 마케팅, 매장 운영이 제각각인 탓에 조직의 수평적인 연대가 잘 이루어지지 않아 통일된 메시지를 전달하지 못하거나, 최종 단계에서 대표자의 승인을 받기 위해 처음부터 다시 손을 보거나 스케줄대로 일이 끝나지 못하는 경우가 있다. 프로젝트를 시작할 때부터 각 팀이 수평적으로 연대해 콘셉트를 공유하거나, 기획의 모든 단계와 요소마다 대표자에게 방향성을 정확하게 확인받으면 이런 문제가 없겠지만, 사실 지금까지 해온 방식과 관행을 깨는 것은 쉬운 일이 아니다.

  그러나 지금까지의 방식을 따르기만 해서는 큰 변화를 기대할 수 없다. 내가 담당했던 프로젝트에서도 일의 순서나 평가 시스템, 조직의 구조 등을 근본부터 다시 생각해 과감하게 변화를 시도했을 때 놀라운 성과가 나타난 경우가 많았다.

  근무 환경에서 조직에 이르기까지 '일하는 방식을 디자인한다'는 개념은 앞으로 더 중요해질 것이다. 경영자가 적극적으로 이 방식을 도입하면 직원들의 의식도 틀림없이 바뀔 것이다.

온·오프를 억지로 나누지 마라
일과 휴식을 결합한다

16

요즘에는 일을 우선시했던 예전 세대와 달리, 일과 생활의 조화를 중요하게 생각하며 규칙적으로 휴일이나 휴가를 즐기는 사람이 많다. 일은 일, 휴식은 휴식으로 확실히 구분해서 일한 만큼 재충전하는 시간도 따로 가지는 것이다.

  나도 스케줄을 잡을 때는 일과 휴식에 확실히 선을 그어놓고 여름철과 연말연시 등에는 날짜를 정해서 충분히 휴식을 취한다. 그러나 머릿속에서는 일과 개인적인 생활을 굳이 나누지 않는다. 쉴 때도 남겨두고 온 일을 걱정한다는 말이 아니라, 일할 때는 일만 또는 쉴 때는 쉬기만 한다는 생각을 일부러 하지 않는다는 의미다.

여기에는 두 가지 이유가 있다. 하나는 특히 여름휴가 같은 긴 휴가가 일이나 직업의 장기적인 비전을 생각해보는 데 절호의 기회라는 점이다. 바쁜 일상을 벗어나 몸과 마음이 편해지면 피로가 풀리기 때문에 자연히 긍정적인 활력이 넘치게 된다. 마음에 여유가 생기고 사물을 객관적으로 바라볼 수 있게 되기 때문인지, 눈앞의 일이 아니라 장기적인 비전에 대해 생각해보고 싶은 기분이 드는 것이다. 일이나 직업의 장기적인 비전은 인생 설계에도 직결되는 아주 중요한 부분이지만, 눈앞의 일을 좇아가느라 바쁜 일상에서는 멀리 내다보는 것이 쉽지 않다. 이러한 의미에서 휴가 중에 일을 억지로 차단할 필요는 없다고 보는 것이다. 모처럼의 휴가니 머리도 쉬어야 한다고, 가족에게 봉사해야 한다고 생각하여 일에서 무조건 벗어나려 애쓰지만, 오히려 이러한 강박이나 긴장에서 벗어나야 한다. 그리고 편안한 상태에서 자신의 마음을 따라가 보는 것이다.

또 한 가지 이유는 휴일이나 휴가 때는 사무실에서라면 보통 하지 못하는 체험을 할 수 있다는 점이다. 나도 예전에는 집에서 느긋하게 책을 읽거나 음악을 들으며 시간 보내는 것을 좋아했지만, 아이가 태어난 뒤로는 주말농장에 가는 등 열심히 외출하게 되었다. 어린 아들에게 여러 가지 경험을 시켜주고 싶은 마음에서 시작한 것이지만, 결과적으로는 내게도 아주 좋은 자극이 되어 귀중한 정보를 얻기도

일과 휴가를
따로 떼어놓지 않고 연결한다.

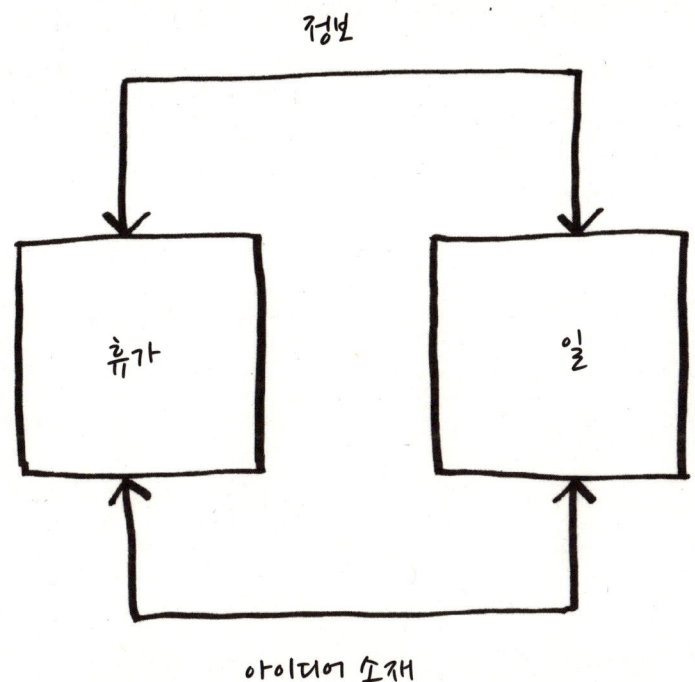

한다.

　이처럼 일과 휴식을 억지로 구분 짓지 않고 자연스럽게 받아들이면 휴일의 체험이 어떤 형태로든 일과 연결될 수 있다. ==휴일을 통해 얻은 것이 일에 직접적으로 반영되는 것은 아니지만, 뜻밖의 아이디어로 이어지거나 전혀 다른 것들을 연결하는 계기가 되는 등 창의적인 발상의 밑거름이 되는 경우가 많다.== 책상에 앉아 있는 시간이 많은 사람일수록 밖으로 나가서 평소와는 전혀 다른 경험을 해보라. 기분 전환은 물론 새로운 발상을 하는 데도 자극이 될 것이다.

　내 머릿속에는 일과 휴식이 따로 떨어져 있는 것이 아니라 서로 연결되어 있다. 일은 일로서 끝이고 개인 생활은 철저히 즐겨야 한다는 생각도 분명히 일리는 있지만, 귀중한 체험을 활용할 수 있는 연결고리를 끊어버리는 것은 아까운 일이다. 휴가 중에도 일을 하라는 의미가 아니라, 일과 휴식을 언제든지 연결할 수 있도록 의식을 유연하게 하라는 말이다. 그러면 일과 휴식이 서로 보완되면서 상승효과를 기대할 수 있다.

　2009년에 작업한 NTT 도코모의 스포츠 휴대전화 디자인도 개인적인 경험에서 아이디어를 얻었다. 나는 아침마다 걷기나 조깅을 하는데, 어느 날 문득 '휴대전화에 만보계 기능이 있으면 좋겠다'는 생각이 들었다. 운동을 하러 나올 때는 최대한 빈손이 좋기 때문에 보통은 집 열쇠와 휴대전화 정도만 들고 나온다. 그러나 운동을 계속하다 보니 거리나 시간도 측정하고 싶고 얼마나 걸었는지도 알고 싶어 현관문 앞에서 늘 만보계를 손에 잡았다 놓았다 하며 망설이기를 반복했다. 그러던 중 때마침 NTT 도코모에서 새로운 콘셉트의 휴대전화를 만들고 싶다는 의뢰가 들어왔다. 나는 무릎을 쳤다. 건강에 대한 관심이 지극히 높은 요즘에는 조깅이나 걷기를 하다가 나처럼 생각하는 사람도 많을 것이다. 그리하여 일상생활 속에서 자연스럽게 발생한 필요성과 의뢰인의 요구 사항을 겹쳐본 것이다. 이것이 계기가 되어 '생활을 스포츠로 만들어주는 휴대전화'라는 콘셉트가 나왔고, 결국 주행 거리 측정, 스톱워치, 소비 칼로리, 속도 계산 기능까지 갖춘 스포츠 휴대전화 'SPORTS EDITION N-07A'가 탄생했다. 일과 휴식을 따로 생각하지 않았기 때문에 내 경험을 그대로 일에 적용할 수 있었던 것이다.

하지만 휴일이 되면 그동안 쌓인 피로 때문에 그저 잠만 자는 사람도 많다. 기분 전환을 하고 싶어도 좀처럼 한 걸음 내딛게 되지 않아 그냥 어영부영 시간을 보내기도 한다. 나 역시 휴일에는 집 안에만 틀어박혀 있었다. 그러나 일단 나가보면 반드시 얻는 것이 있다는 사실을 알게 되면서 열심히 밖으로 나가게 되었다. 스포츠센터에서 운동을 하는 것도 이 때문이다. 처음에는 귀찮기도 하고 딱히 필요성도 느끼지 못했지만, 계속하다 보니 몸과 마음이 재충전되고 기분이 좋아진다는 것을 몸이 기억하기 시작했다. 체중이 줄어들면서 동기

부여가 되고 의욕도 한층 넘치게 되었다. 여러 가지 경험이 반드시 좋은 결과를 가져온다는 것을 알게 되자 미지의 경험을 내 것으로 살리고 싶다는 마음이 들었다. ==어떤 것을 시작할 때 처음부터 뭔가를 얻어야겠다는 적극적인 마음이 있으면 그 결과도 좋기 마련이다.==

얼마 전까지만 해도 휴일을 반납하고 맹렬하게 일하는 것이 미덕으로 여겨졌다. 또한 육체적 봉사가 노동이라는 관념도 뿌리 깊었다. 회사에 출근하지 않으면 일하는 것이 아니라고 보는 것이다. 그러나 요즘에는 일 중심의 극단적 가치관에서 좀 더 균형 잡힌 인생을 보내고 싶다는 가치관으로 바뀌고 있다. 게다가 일을 지적인 산물이라고 생각하면, 꼭 회사에 있어야 일을 하는 것은 아니다. 오히려 장소는 관계가 없다.

이러한 시대의 흐름으로 비추어 봐도 휴일이나 일 외의 시간을 창의적인 발상의 원천으로 활용하는 편이 훨씬 합리적이다. 기존의 관념에서 벗어나 시간을 유연하게 활용하려는 사고방식은 인생 전체에도 크게 도움이 된다. 지금까지 일과 휴식을 따로 생각했던 사람에게 이러한 사고방식의 변화는 크게 가치가 있을 것이다.

몰두할 대상을 찾아라
경지에 오르면 본질이 보인다

17

나는 몇 년 전부터 한 남성 잡지에 대담 기사를 연재하고 있다. '만나고 싶은 사람을 만난다'는 콘셉트로 진행되는 이 대담의 손님은 작가, 미술가, 음악가, 경영자, 학자, 요리사, 건축가, 운동선수 등 여러 분야에서 활약하는 일류 실력자들이다. 그런데 그들에게는 공통점이 있다. 그것은 아주 깊은 본질적인 부분에 도달해 있다는 느낌이다. 무언가를 계속 추구하며 매진하다 보면 경지에 이르게 되어 지금까지 보이지 않았던 본질의 세계가 보이는 것 같다. 그리고 그 본질의 세계는 연결되어 있기 때문에 분야가 아무리 달라도 거기에 도달한 사람은 같은 분위기를 풍기게 된다. 만약 지금까지 나와 대담을 했던 주인공들이 한자리에 모인다면, 전혀 다른 분야에서 활약하고 있어도 틀림없이 본질적인 이야기로 의기투합할 것이다.

나는 기본적으로 창의적인 작업을 추구하지만, 사실 추구하는 '무엇인가'는 반드시 일이 아니어도 상관없다. 흥미를 느끼는 것이라면 뭐든지 좋다. ==중요한 것은 그 대상이 무엇이든 완전히 빠져들어 '경지에 이르는 것'이다.== 이것은 반드시 내 사고방식에 밑거름이 될 것이라고 믿는다. 돌이켜보면 내게는 4~5년을 주기로 열정적으로 몰두하는 대상이 있었고, 어느 선에 도달했을 때 보인 것이 내 정신을 살찌우는 귀중한 양식이 되었다.

내가 처음으로 특정 분야에 진지하게 빠져든 것은 미술대학교 입시를 준비할 때였다. 어렸을 때부터 그림 그리는 것은 자신 있고 무척이나 좋아하는 일이었지만, 진로를 결정하면서 처음으로 '미술'을 직업으로 인식하게 되었다. '지금까지 그저 좋아서 그리던 그림과는 다르다. 대학 입시지만 여기서부터 프로의 삶이 시작된다'는 생각이 강하게 들었다. 그리고 아무리 파고들어도 그 끝을 알 수 없는 미술의 깊이에 매료되었고, 점점 더 빠져들면서 창조의 즐거움에 눈을 뜨게 되었다. 이때의 경험이 크리에이터로서의 밑거름이 된 셈이다.

그다음은 '음악'이었다. 대학에 들어가 시작한 밴드 활동은 무엇인가에 파고들어 어딘가에 도달했다는 느낌을 안겨준 첫 번째 경험이었다. 처음에는 좋아하는 가수를 따라하는 데 그쳤지만, 곧 나만의 곡을 만들면서 작곡과 음악 제작의 즐거움에 눈을 뜨게 되었다. 아침부터 밤까지 밥 먹는 것도 잊고 기타를 치며 작곡을 하고, 데모 테이프를 만들기 위해 잠 한숨 안 자고 20시간 가까이 녹음하기도 했다. 아르바이트로 번 돈을 전부 스튜디오 사용료로 쏟아부어도 조금도 아깝지 않았다.

그러던 중 '작곡과 그림 그리는 것은 같은 일'이라는 생각이 문득 들었다. 하나의 곡을 만들려면 메시지나 스토리가 있어야 하고, 주선율이 필요하며, 주선율을 두드러지게 하기 위해 서브 멜로디가 있어야 한다. 이것은 그림을 그릴 때 콘셉트를 명확히 하고 색과 형태, 구도를 생각하면서 하이라이트를 만들어가는 작업과 완전히 같은 과정이었다. 차이는 평면이냐, 시간 축이냐 하는 점뿐이었다. 그때까지 내게 음악과 미술은 별개의 것이었다. 미술은 평생의 직업과 연결되는 것이고, 음악은 진심으로 좋아하지만 본업과는 관계없는 취미라고 인식했다. 그런데 어느 순간 경지에 이르게 된 미술과 음악은 서로 연결되는 것이라는 생각이 들었다. 그러자 음악뿐 아니라 영상이나 공간, 제품, 패션 등 다른 다양한 표현 분야도 그 지점 어딘가에서 서로 연결되며, 따라서 창조라는 중요한 포인트는 같을 것이고, 결과적으로 예술 분야에서의 사고방식은 다른 곳에도 응용할 수 있을 것이라는 데까지 생각이 미쳤다.

경지에 오르면
세계는 연결된다.

'표현한다는 것은 어떤 것인가?' 하는 본질을 깨달은 것은 내게 아주 큰 터닝 포인트가 되었다. 현재 나는 광고, 상품 개발, 상표 마케팅은 물론, 매체 그래픽에서 영상, 공간, 제품, 패션까지 다양한 분야에 걸쳐 일하는데, 이때의 깨달음이 현재의 활동에 밑거름이 되었음을 실감한다.

생각지도 못한 본질을 깨닫게 된 또 한 가지 계기는 '스노보드'다. 올해로 스노보드를 탄 지 16년째가 되는데, 지금이야 많이 여유로워졌지만 처음 시작했을 때는 정신을 못 차릴 정도로 빠져 있었다. 11월부터 5월 초까지 1년의 약 절반은 주말마다 어김없이 스키장을 찾았고, 보드나 옷은 시즌마다 최신 제품을 구입했으며, 차도 사륜구동으로 바꾸는 등 일할 때 외에는 완전히 스노보드가 중심이 된 생활을 했다. 비시즌에도 하와이까지 서핑 하러 가거나 회사 복도를 스케이트보드로 이동하는 등 균형감각을 연마하는 데 열심이었다(이 일은 이후 우리 회사의 전설이 되었다). 전철에서도 손잡이를 잡지 않고 균형 잡는 훈련을 했기 때문에 출퇴근길조차 즐거울 정도였다.

또한 스노보드에 관련된 음악이나 패션 등에도 관심이 생기면서 펑크 밴드의 라이브도 자주 보러 갔고, 그 덕에 뮤지션도 많이 알게 되었다. 일본을 대표하는 펑크 밴드인 하이 스탠더드 멤버와도 친구가 되어 그들의 CD 재킷과 포스터, 티셔츠 디자인을 맡기도 했다.

이 정도로 몰두하게 되면 스노보드에 관련된 정보가 산더미처럼 쌓이고 그 하위문화에 아주 박식해진다. 크리에이터인 내게는 이런 최첨단 정보만으로도 충분한 자산이 되지만, 나아가 예상하지 못한 깨달음까지 얻게 되었다. 그것은 '균형'이라는 개념이다. 맹렬한 속도로 회전하거나 점프하는 행위를 통해 균형이라는 개념은 물리적인 것뿐 아니라, 여러 가지 사물을 지탱해주는 본질과 깊은 관계가 있음을 체감한 것이다. 좀 더 거창하게 얘기하자면, 생태계에서 우주에 이르기까지 세상의 모든 것은 균형에 의해 성립된다는 것을 알게 되었다고 할 수 있다. 균형을 유지하는 것은 서로 상반된 힘을 조절하는 것이며, 그 아슬아슬한 경계에서 균형을 지배하는 것이 사물을 명확하게 보여주는 크리에이티브와 깊은 관계가 있음을 깨달은 것이다. 이는 이후 일을 대하는 내 자세나 크리에이터로서의 사고방식에 큰 영향을 주었다.

이외에도 매킨토시 컴퓨터에 빠져서 디자인의 가능성뿐만 아니라 아이콘이나 폴더, 레이아웃 등의 개념을 배웠고, 이것은 이후 정보나 개념을 정리하는 사고법의 바탕이 되었다. 또한 회사를 설립한 이후에는 창조성을 최대한 이끌어내는 환경을 만드는 바탕이 되었고, 경영에 대한 현실적인 감각을 싹틔웠으며, 비즈니스와 크리에이티브의 관계를 명확히 볼 수 있게 해주었다. 얼핏 보기에는 이 모든 결과가 그저 좋아하는 것을 순수하게 추구하다가 우연히 얻게 된 산물 같지만, 어느 분야든 철저하게 파고들면 본질을 파악할 수 있다.

내 경험을 몇 가지 들었지만, 본질의 세계로 들어가는 입구는 흥미를 끄는 것이라면 무엇이든 상관없다. 단, 한 번에 이것저것 얕고 넓게 손을 대는 것이 아니라, 한 가지에 초점을 맞춰 집중하는 것이 중요하다. 그렇게 한 부분을 계속 파내려가다 보면 어느 경계를 넘게 되고 본질에 닿게 된다. 이를 통해 얻는 것은 아주 가치 있고 소중한 것이다. 본질이란 시대의 흐름에 좌우되지 않는 근본적인 것이므로 다양한 곳에 응용할 수 있고, 결과적으로 사고의 기반을 튼튼하게 하고 넓게 확장하는 데 큰 도움이 된다.

아날로그 감각을 되찾아라
리얼리티 센서를 민감하게 하다

18

현재 내가 한창 열중하는 것은 농장에서 채소를 가꾸는 일이다. 2008년, 지바에 있는 회원제 임대 농장에 가입했다. 밭일하는 재미에 푹 빠져 주말이면 모든 일을 제치고 농장으로 달려간다. 흙의 감촉을 느끼기도 하고 작은 씨앗이 채소로 자라는 과정을 지켜보거나, 밭에서 갓 따온 맛있는 채소를 먹으며 전문가들이 해주는 농사에 관한 여러 가지 이야기를 듣는다. 처음에는 아이들을 위해 가입했지만, 이러한 체험 하나하나가 내게도 큰 자극이 된다.

농업 체험을 좀 더 깊은 차원에서 생각해보면, 디지털 위주의 세상에서 아날로그 감각을 되찾는 귀중한 기회라고 할 수 있다. 여기서 디지털이나 아날로그란, 정보통신에서 쓰이는 본래의 의미가 아니라 일반적인 비유로 사용되는 이미지 같은 것이다. **디지털은 컴퓨터 환경에 의한 가상의 감각, 아날로그는 실제 체험이 수반된 실제 감각** 정도로 이해하면 되겠다.

앞에서도 리얼리티의 중요성에 대해 설명했지만, 오늘날은 실제 체험이 어려운 시대이기 때문에 리얼리티를 느끼는 사람들의 감각이 둔감해졌다고 할 수 있다. 따라서 농장 체험처럼 아날로그 감각을 체험하는 일은 리얼리티 센서에 기름칠을 하는 중요한 기회인 셈이다. 인터넷으로 농업에 대해 몇 시간씩 조사하는 것보다 실제로 밭에 가서 30분이라도 흙을 만지는 편이 훨씬 가치 있는 정보를 얻을 수 있다. 센서라고 하면 흔히 뇌에 있다고 생각하기 쉽지만, 신체감각과 뇌의 감각은 직접 연결된다. 따라서 몸으로 느낀 리얼리티는 정보로서도 아주 훌륭하고 그 양도 많다. 가상 정보로 얻은 지식과 비교하면 설득력은 하늘과 땅 차이이다.

불과 몇십 년 전까지만 해도 정보의 전달 수단은 팩스나 유선전화가 중심이었지만, 현재는 인터넷 같은 디지털 환경이 일반적이다. 완전히 생활화되어 있기 때문에 보통은 거의 인식조차 하지 못한다. 그러나 디지털 세상은 가상세계이며 실제 체험을 수반하지 않는다. 따라서 인간은 그 반동으로 아날로그 감각을 찾아 균형을 이루려고 한다. 최근의 걷기나 달리기 열풍도 이와 관련이 깊을 것이다. ==가장 본질적인 아날로그 감각은 육체적인 것이므로 몸을 움직여 그 느낌을 인식하는 것이 직접적인 기쁨이 된다.== 주말농장이 인기를 끄는 것도 마찬가지로, 콘크리트 속 도시 생활에 대한 반동이다. 흙을 만지거나 풀냄새를 맡으면 잠자던 오감이 깨어나 본래의 건강한 감수성이 되살아난다. 씨앗이 자라서 열매를 맺고, 그것을 우리가 먹는 과정을 통해 자신이 지구의 일부라는 사실을 체감하는 것이다.

이처럼 실제로 야외에 나가 밭을 가꾸고 수확하는 체험을 통해 나는 '백문이 불여일견'이라는 말을 절실히 실감하게 되었다. ==오감으로 느낀 정보는 가상세계의 정보와는 비교도 안 될 정도로 압도적이다.== 환경 문제, 바른 먹을거리, 식량 자급 등 지금까지 신문이나 뉴스에서 보고 들은 지식이 갑자기 현실감을 띠기 시작했다. 흙의 감촉을 통해 얻은 지식이 내 몸 구석구석까지 직접 침투해 들어오는 것 같았다.

같은 해에 낚시 전문 회사인 다이와의 초대를 받아 사가미 만에 가다랑어 외줄낚시를 하러 갔다. 이때의 경험은 또 다른 의미로 충격이었다. 이렇게 큰 물고기는 처음 잡아봤는데, 3~4킬로그램이나 되는 가다랑어를 솜씨 좋게 갑판 위로 낚아 올리는 것은 결코 쉬운 일이 아니었다. 하지만 그런데도 그 순간 나는 느꼈다. 낚시가 가진 원시적인 매력의 본질을 맛본 것이다. 낚시라기보다 오히려 사냥에 가

지바 현 기미쓰 시
'가즈사 아이사이 가든 팜'의 임대 농장에서
주말이면 친구의 가족과 함께 농업 체험을 한다.

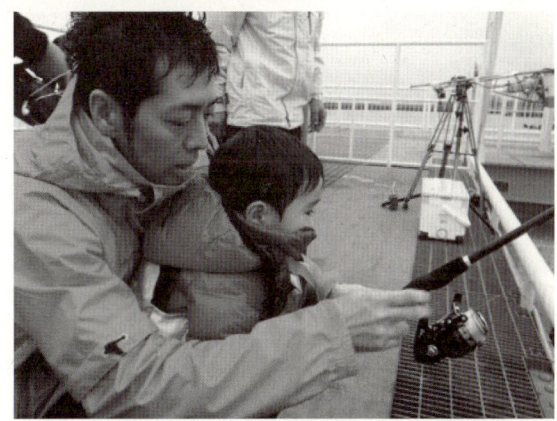

글로브라이드와 일로 인연을 맺어
낚시에도 도전하게 되었다.
가다랑어 외줄낚시는 충격적인 경험이었다.

까운 아주 과격한 감각으로, 일상생활에서는 절대 경험할 수 없는 그야말로 생명의 힘과 에너지를 몸을 통해 느낄 수 있었다.

이러한 체험을 하기 전에는 나 역시 아날로그 감각의 중요성을 거의 알지 못했다. 디지털 환경이 생각 이상으로 우리 생활에 깊숙이 자리한 만큼, 주말 정도는 몸을 움직이거나 자연과 접하는 등 의식적으로 아날로그 감각을 되찾으려는 노력을 해보라. 리얼리티 센서가 민감하게 반응하게 되면 시대를 정확하게 파악할 줄 아는 눈을 갖게 될 것이다.

에필로그

자유롭게 생각하기,
알아차리기,
깨닫기

최근에는 사고법과 관련해서 기술에 초점을 맞춘 비스니스 서적이 많이 출판되고 있습니다. 하지만 근본적인 사고방식 자체를 바꾸지 않으면 제대로 된 효과를 기대할 수 없다고 생각합니다. 사고방식은 그대로인데 기술만 이것저것 바꾼다고 해결이 될까요? 컴퓨터로 비유하자면, 응용 프로그램을 바꾸는 것이 아니라 시스템 자체를 대폭 업그레이드해야 한다는 말이죠. 기대 이상의 사랑을 받았던 첫 번째 책《초정리술》이 다룬 것은 '정리'라는 콘셉트에 초점을 맞춘 사고법이었지만, 이번에는 좀 더 넓은 개념의 'Creative Thinking=창의적 사고법'을 다루었습니다.

실생활에서 더욱 폭넓게 활용되기를 바라는 마음에서 이 책에서는 기술적인 부분도 여럿 소개했습니다. 하지만 가장 중요한 것은 역시 '의식 개혁'입니다. 창의적 사고법은 자신의 의식을 바꾸는 것, 즉 선입관이나 기존의 개념에서 벗어나 자유롭게 생각하도록 노

==력하는 데서 시작됩니다.== 이를 위해서는 '알아차리는 것'이 중요합니다. 평소에는 모르고 지나치던 것이 누군가의 말로 문득 깨닫게 되기도 하지요. 저는 이 책이 그 '누군가'의 역할을 조금이라도 대신하기를 바랍니다. 알아차리느냐, 알아차리지 못하느냐는 인생의 큰 갈림길이 되기도 합니다. 알아차리지 못하는 것은 보이지 않는 것과 마찬가지며, 보이지 않는 것은 절대 이해할 수 없으니까요.

저 역시 여러 프로젝트를 진행하면서 예전에는 알아차리지 못했던 많은 것을 깨닫게 되었습니다. 이러한 계기를 제공해준 의뢰인 여러분, 함께 일하는 크리에이터들과 직원 여러분께 깊은 감사의 말씀을 전합니다.

사토 가시와

사진·작품 일람

p.42　NTT 도코모 '어린이용 휴대전화 SA800i'

p.43　NTT 도코모 '어린이용 휴대전화 F801i'

p.49　리사지 'Skinmaintenizer'

p.67　기린 맥주 '기업 CM/ 아버지와 아들'

pp.84~85　기린 비버리지 '기린 치비레몬'

pp.88~89　스마프 'Drink! Smap!' 판매 풍경

p.102　유니클로 글로벌 기반점 '소호 뉴욕점'

p.103　유니클로 글로벌 기반점 '파리 오페라점'

p.113　(위) 글로브라이드 CI, (아래) 다이와 VI

p.115　A FISHING APE

pp.122~123　후지 유치원

p.129　라쿠텐 '라쿠텐 타워'

p.142　NTT 도코모 'SPORTS EDITION N-07A'

마쓰모토 고시로, 이치가와 소메고로 부자

이초 하루유키, 지하루, 가오리 부녀

야마자키 쓰토무, 나오코 부녀

다나카 히로, 마사히로 부자

기린 맥주 '기업 CM'

'아버지와 아들'을 주제로 기린 맥주의 브랜드 이미지를 전달하는 시리즈 광고. 실제 부자가 주인공으로, 대본과 연출 없이 맥주잔을 기울이며 솔직하게 대화하는 모습을 다큐멘터리 형식으로 촬영해 화제가 되었다. '아버지, 아들. 인간은 이어진다. 기린 맥주'라는 카피는 카피라이터 마에다 도모미의 작품. 2008년 5월에 방영된 1탄에서는 가부키 배우 마쓰모토 고시로와 이치가와 소메고로 부자가 출연했다. '아버지와 아들', '꿈을 말하다', '엄마의 걱정', '딸의 결혼'의 네 가지 버전으로 제작되었으며, 두 사람의 부드럽고 따스한 풍경이 시청자의 공감을 불러 일으켰다. 2편에서는 레슬링 선수인 이초 지하루, 가오리 자매와 아버지 하루유키 부녀, 3탄에서는 배우인 야마자키 쓰토무와 딸 나오코 부녀, 4탄에서는 도호쿠 라쿠텐 골든이글스의 다나카 마사히로 투수와 아버지 히로 부자가 출연했다. 텔레비전이나 무대에서는 흔히 볼 수 없는 모습이 높은 평가를 받아 이 시리즈는 CM 데이터뱅크・주류 업계의 광고 선호도에서 1위를 차지했다.

리사지 'Skinmaintenizer'

1992년에 창업한 리사지(가네보 화장품 그룹 회사)는 아름다운 피부를 만드는 데 중요한 요소인 콜라겐의 합성·분해 분야에서 특허 기술을 가진 만큼 제품 품질에는 정평이 있었다. 그러나 이러한 특징이 대외적으로는 제대로 전달되지 않았다. 2007년에 브랜드 전체의 크리에이티브 디렉터를 맡게 되어 상품 디자인, 광고 홍보를 전면 리뉴얼하고 백화점에도 진출하게 되었다. 주력 상품인 약용 화장수 'Skinmaintenizer'에 화장품 업계 처음으로 트리거 방식을 도입하는 등 참신하고 기능적인 디자인이 화제가 되었다. 영업에서도 큰 성과를 올린 것은 물론, 베스트 화장품 상을 받았고, 여성지 등의 매체 노출도도 200퍼센트 이상 상승하는 등 지금도 계속 약진하고 있다.

고나카 '슈트 셀렉트'

2006년 신사복 전문 업체인 고나카와 후타타의 경영 통합을 위한 토털 상표 마케팅을 의뢰받았다. 첫 번째 사업 전략으로 젊은 층을 주요 타깃으로 하는 투 프라이스 숍 '슈트셀렉트21'을 새롭게 리뉴얼하기로 했다. 브랜드의 가치를 명확히 어필하기 위해 애매했던 상품 구성을 두 가지 슈트 스타일과 두 가지 가격대로 정리해 선택의 폭을 네 가지로 좁혔다. 업무용 양복으로 특화한 브랜드로 방향을 잡아 로고를 비롯한 매장 인테리어, 슈트 디자인에도 참여했다. 이 작업이 성공하면서 메인 브랜드인 '신사복 고나카'의 리뉴얼도 시작되었다. 신사복 전문 업체에서 제너럴 슈트 브랜드로 전환하면서 고나카의 새로운 비전을 실현하는 플래그십 매장인 '고나카 더 플래그'를 오픈해 큰 화제가 되었다.

IIII 실버 라인

IIII 블랙 라인

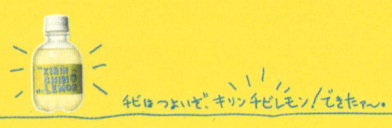

  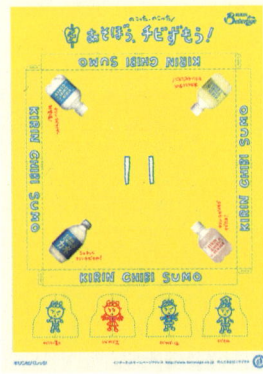

기린 비버리지 '기린 치비레몬'

1999년, 광고 회사 하쿠호도에 근무하던 시절 처음으로 상품 개발 단계부터 네이밍, 포장 디자인, 광고 홍보, 맛의 방향성에 이르기까지 상품 전체의 크리에이티브 디렉션을 맡은 프로젝트다. 탄산음료 시장이 전체적으로 침체된 상황에서 소비자가 음료를 사러 가는 편의점의 진열대를 매체로 생각하고, 245㎖의 미니 사이즈 페트병을 고안해내 획기적인 신상품 '기린 치비레몬'을 출시했다. 직접 그린 브랜드 캐릭터 '치비레몬 군'은 상품 포장,

포스터, CM 등에 등장해 여러 가지 모험을 펼치며 대활약했다. 상품은 2000년에 출시되어 어린이에게 폭발적인 인기를 얻었다. 2006년에는 원조 격인 '기린 레몬'의 상품 리뉴얼도 담당했는데, 투명감과 세련된 상쾌함을 어필해 호평을 얻었다.

유니클로 글로벌 브랜드 전략

2006년 초에 야나이 다다시 회장의 의뢰를 받아 유니클로 세계 전략의 크리에이티브 디렉터에 취임하게 되었다. 세계화의 신호탄으로 첫 번째 글로벌 기반점인 '유니클로 소호 뉴욕점'을 만들기로 하고, 이를 위한 슈퍼 크리에이티브 팀을 꾸렸다. 인테리어 디자인은 가타야마 마사미치, 웹 디자인은 나카무라 유고, 광고의 아트 디렉션은 마커스 커스틴이 담당했다. 이들은 각 분야에서 세계 최고라 할 만한 인재다. 소호 지구에 1000평(약 3300㎡)이나 되는 대규모 점포를 마련하고, '미의식을 갖춘 초합리성'을 콘셉트로 유니클로의 새로운 로고마크 디자인을 비롯한 모든 크리에이티브 활동을 총괄했다. 이 매장이 성공하면서 뒤를 이어 2007년에 런던, 2009년에 파리, 그리고 2010년 5월에는 상하이에도 글로벌 기반점이 문을 열었다. 또한 티셔츠 전문 브랜드 UT, 데님 브랜드 W, 세계적인 디자이너 질 샌더와 합작한 +J 등 획기적인 서브 브랜드 전략도 크게 주목을 끌었다.

글로브라이드

낚시에서 골프, 테니스, 자전거에 이르기까지 폭넓게 스포츠 사업을 벌이는 다이와 정공의 CI 프로젝트. 창업 50주년을 맞이하여 다음 50년을 위한 새로운 비전을 펼치고 싶다는 의뢰를 받아 시작했으며, 회사 이름을 변경하는 작업까지 포함한 거대 프로젝트가 되었다. 2년 동안 사내 조사를 거쳐 'Feel the Earth'라는 기업 슬로건, 'A Lifetime Sports Company'라는 기업 도메인, 'Make It Wow!' 등 다섯 가지 기업 약속을 정해 '기업의 개념'을 디자인했다. '지구를 무대로 누구나 평생 동안 즐길 수 있는 스포츠가 되도록 지원하는 회사'라는 방향성을 명확히 설정하고, 이것이 반영된 '글로브라이드'라는 회사 이름을 제안했다. 새로운 이름은 2009년 10월 1일에 정식으로 변경되었다. '다이와'는 낚시 단독 브랜드가 되어 로고마크를 새로 만들었다. 다이와만의 뛰어난 기술력을 살린 기존 상품과 더불어, 새로운 콘셉트의 초심자용 상품, 낚시복으로는 물론 일상복으로도 손색이 없는 기성복 등 낚시 스타일의 새로운 가능성을 계속 시도하고 있다.

후지 유치원

2006년에 진행한 도쿄 다치카와 시의 후지 유치원 리뉴얼 프로젝트. 오래된 건물을 재건축하고 유치원 로고와 유치원복, 가방, 물품 등 아이들을 둘러싼 모든 환경을 디자인의 힘으로 활성화해야 했다. 놀이를 통해 모든 것을 배우는 아이들이 자유롭게 지낼 수 있도록 유치원이라는 시설 자체를 놀이 공간으로 설정해 '유치원 전체가 거대한 장난감'이라는 콘셉트를 이끌어냈다. 건축가 데즈카 다카하루와 유이 부부의 설계로 옥상에서 끝없이 술래잡기를 할 수 있는 독특한 도넛 모양의 건물이 완성됐다. 색종이를 재미있게 오려 만든 듯한 로고와 캐릭터 디자인은 유치원 티셔츠나 가방, 유치원 버스 등 유치원과 관련된 모든 곳에 활용했다. 리뉴얼 후 입학 희망자뿐만 아니라 지원 교사도 급증할 정도로 반응이 폭발적이었다. 교육 시설에서 디자인의 힘이 최대로 발휘된 프로젝트라 할 수 있다.

▦ Tokyo Metropolitan Symphony Orchestra

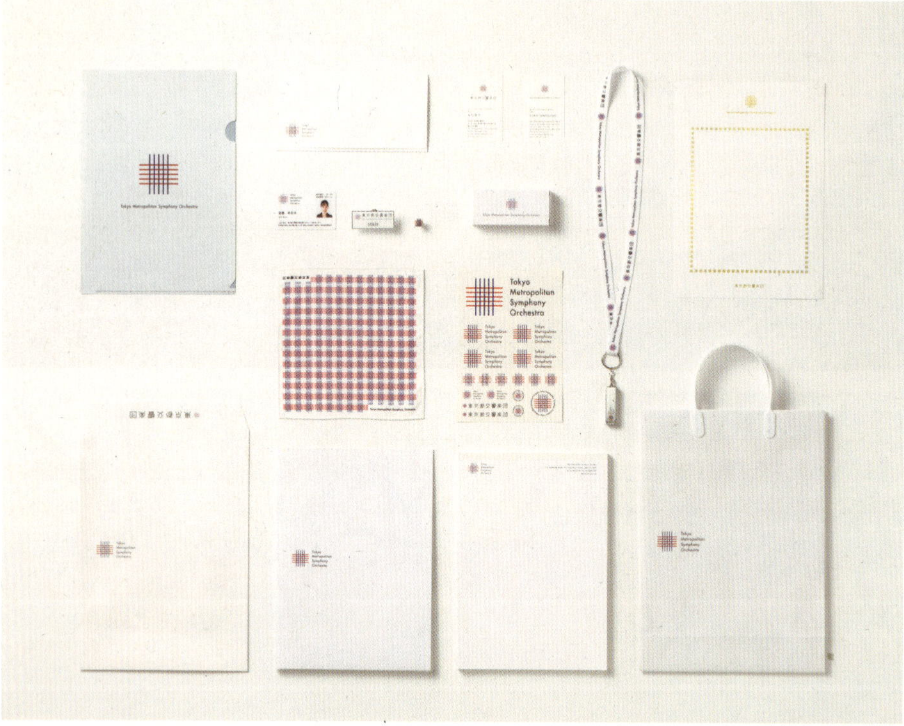

도쿄 도 교향악단

2007년에 시작된 도쿄 도 교향악단의 VI 리뉴얼 프로젝트. 2015년 창립 50주년을 맞이하여 새로운 시대를 향해 나아가는 도쿄 도 교향악단의 상징을 만드는 것이 목적으로, 지금까지 여러 개였던 로고마크를 통일하고 명확한 정체성을 확립하는 것이 우선 과제였다. 오랫동안 사랑받을 수 있는 마크를 만들기 위해, 콘셉트를 정하는 과정에서 오케스트라 단원들의 적극적인 참여를 부탁했다. 단원과 사무국 직원으로 구성된 로고마크 선정위원회와 토론을 거듭한 결과, '박력'과 '정확', '강인함'과 '섬세함'같이 상반된 이미지가 공존하면 표현의 폭이 넓어진다는 사실을 깨달았다. '상반되는 요소가 만나면 새로운 것이 탄생한다'는 것을 콘셉트로 로고마크를 디자인했으며, 최종안은 악단 전원의 투표로 결정되었다. 2009년 4월부터 새로운 VI를 사용하고 있다.

라쿠텐 '라쿠텐 타워'

2007년 10월 도쿄 시나가와 구에 세워진 라쿠텐의 새로운 사옥이다. 예전부터 라쿠텐 그룹의 로고마크 디자인을 비롯한 토털 상표 마케팅을 담당해왔으나, 이 프로젝트에서는 오피스 디자인을 총괄 지휘하게 되었다. 미키타니 히로시 사장이 생각하는 콘셉트는 '직원들이 생활공간처럼 쾌적하게 지낼 수 있는 오피스'였다. 따라서 나무를 많이 사용해 단순하고 따스한 분위기로 인테리어 중심을 잡는 한편, 자그마한 회의실 공간을 곳곳에 배치해 기능성을 고려함으로써 긴장감과 편안함이 균형을 이루도록 만들었다. 방문객의 왕래가 잦은 공간에는 라쿠텐의 상징 색인 다홍색의 초대형 소파를 설치해 인상적인 브랜드 이미지를 연출했다. 직원 공용 공간에는 피트니스센터, 도서관, 레스토랑 등을 갖추었는데, 이것은 미키타니 사장의 '인재가 재산'이라는 생각을 구현한 것으로, 직원들의 사기 진작에도 큰 보탬이 된다. 아름다운 디자인과 새로운 오피스의 방향을 제시했다는 점에서 높은 평가를 받아 2008년 굿 디자인상을 받았다.

NTT 도코모 '어린이용 휴대전화', 'SPORTS EDITION N-07A'

NTT 도코모로부터 어린이용 휴대전화의 디자인을 의뢰받아 2006년에 'SA800i'를, 2007년에는 그 후속으로 'F801i'를 디자인했다. 'SA800i'에서는 '지키다'라는 콘셉트를 누에고치 같은 둥근 형태로 표현했으며, 'F801i'에서는 '빛으로 지키다'라는 콘셉트를 중앙의 LED가 발광하는 고리 형태로 표현했다. 이 기종은 부분적으로 외형을 변형해 현재는 'F-05A'로 판매되고 있다. 2009년에 새로운 휴대전화 디자인을 의뢰받았을 때는 평소에 운동하면서 느꼈던 아이디어를 반영해 주행 거리 측정 기능, 스톱워치, 소비 칼로리, 속도 계산 기능을 갖춘 스포츠 휴대전화 'SPORTS EDITION N-07A'를 디자인했다. 이 단말기들의 외형뿐 아니라 소프트웨어의 인터페이스에서 광고 홍보까지 전체적인 디자인을 책임졌다.